Docking

인연의
도킹

Docking

인연의
도킹

지은이 **태라 전난영**

지식공감

인
연

사람은 누구를 어떻게 만나느냐에 따라서
자신의 가치가 달라진다.
누군가를 만나서 자신의 존재가 고귀해지는 경험을 해보았다면
우리에게 인연이 얼마나 중요한지 알게 될 것이다.

어떤 인연은 나를 고귀한 존재로 만들기도 하고,
어떤 인연은 나를 하찮은 존재로 만들기도 한다.
인간은 자신에게 허용된 그릇 크기만큼 사물을 볼 줄 안다.

세상에 자신을 알아주는 한 사람만 있어도
그 사람의 인생은 그렇게 나쁘지 않다.

"당신은 지금 어떤 인연과 만나고 있습니까?"

우리는 살면서 인생에 영향을 끼치는 인연들을 몇몇 만난다. 태어나서는 부모와 연을 맺고, 자라면서는 형제자매와 연을 맺으며, 사회에 나가서는 친구 및 동료와 연을 맺는다.

나이가 들어 어른이 되면 배우자와 연을 맺고, 같은 관심, 같은 생각, 같은 이념을 가진 사람들과 연을 맺기도 한다. 특히 하늘이 맺어주는 천륜의 인연은 내가 의식을 가지고 스스로 선택할 수 있는 만남은 아니다. 태어나보니 맺어져 있는 이러한 핏줄의 연은 내 영혼의 결과물로 맺어진다.

인연(因緣)이란 의미를 살펴보면, 인(因)은 결과를 만드는 직접적인 힘이고, 연(緣)은 그를 돕는 간접적인 힘이라 말한다. 즉 인연이란, 내 행위의 결과에 따라 맺어지는 연분이며, 이렇게 맺어진 인연은 미래에 또 다른 결과를 만들어내게 된다. 즉 우리는 과거에 만들어놓은 내 행위의 결과가 현재 내 환경을 만들었다는 것을 생각해 볼 필요가 있다. 그래서 핏줄로 연결되는 가족의 연은 전생에 살았던 나의 결과물이자 내 영혼의 흔적이 되는 것이다. 우리가 살고 있는 현재는 내 인생의 결과물이고, 현재의 내 생각은 미래인생을 좌우한다.

현재라는 시간은 과거의 오류를 바로잡아 미래의 결과를 바꿀 수 있는 기회가 주어진 신의 축복이다. 그래서 현재 나에게 주어진 인연들에게 감사하고, 그들과 어떤 미래의 결과물을 만들어 갈 것인가를 생각해야 한다. 현재라는 시간은 인연을 잘라낼 수도 엮을 수도 있는 시간이다. 즉 관계성을 만들어가는 도킹의 시간이 바로 현재라는 시간이다.

인연과 인연이 도킹하는 이유는 에너지를 수혈받기 위해서다. 에너지를 수혈받는다는 것은 영혼의 양분을 얻는다는 뜻이다. 우리의 육체는 음식을 먹으며 성장하지만 우리 영혼은 지혜의 에너지를 먹으며 성장한다. 지혜의 에너지는 사람과 사람 사이에서 나오는 에너지 정보이다. 그래서 우리는 영혼의 양식을 얻기 위해 인연을 만나며 서로 에너지를 주고받으며 성장한다.

인생의 갈림길에 서거나 막다른 골목에 다다랐을 때, 우리는 신을 찾는다. 신을 간절히 찾을 때, 신이 우리에게 베푸는 최고의 자비는 우리 인간에게 인연을 보내주는 일이다. 인연을 보내주는 것은 신의 일이지만 인간을 통해 내가 원하는 것을 얻어내는 것은 본인의 역량에 달려있다.

　인연과 인연이 만나는 것은 어찌 보면 쉽고, 어찌 보면 참 어려운 일이다. 인간은 홀로 살 수 없는 구조로 연결되어있다. 태어나서는 누군가가 나를 보살펴줘야 하고, 또 성장해서는 내가 누군가를 보살펴줘야 한다. 이렇게 서로 부족한 부분을 채워주면서 성장해나간다.

　인생이라는 것은 인연과 인연이 만들어가는 비단길과 같다. 인연은 나를 성장시키기도 하고, 나를 변화시키기도 하며, 또한 나를 단련시키기도 한다. 이러한 인연과의 관계성 속에서 인간은 희로애락을 느낀다.

　신은 한 사람에게 모든 것을 준 것이 아니라 사람마다 빛의 조각을 숨겨놓았다. 내가 없는 것을 상대에게 주었고 상대에게 없는 것을 나에게 주었다. 우리는 상대의 마음을 얻어 그 퍼즐 조각을 맞춰나간다. 상대가 가지고 있는 퍼즐을 넘겨받아야만 '나'라는 그림의 전체 모습을 볼 수 있는 것이다.

　나는 나의 모습을 모두 볼 수 없다. 상대라는 거울을 통해서만이 나를 비춰볼 수 있다. 내가 볼 수 없는 부분은 상대를 통해서 볼 수 있고, 상대가 보지 못하는 부분을 내가 알려줄 수 있는 것이다. 그래서 우리는 나를 위해서 사는 것이 아니라 남을 위해서 살아야 하는 이유이다.

인연과 인연이 만나는 것은 서로 함께 길을 걸어나가기 위함이다. 길을 갈 때는 서로의 것을 조금씩 양보해야만 함께 길을 걸어갈 수 있다. 이러한 인연과의 만남을 우리는 진지하게 생각해 본 적이 없을 것이다. 내가 흥하는 것도 인연을 통해서 흥하고, 내가 망하는 것도 인연을 통해서 망하기 때문에 인연은 나의 흥망성쇠를 좌우하기도 한다. 그래서 인연은 중요하다.

　　인연을 만나서 내 존재가 고귀해지기도 하고, 인연을 만나서 내 존재가 초라해지기도 한다. 인연은 나를 비춰주는 거울이기 때문이다.

　　인연과 인연이 만나는 것은 운명과 운명이 만나는 것이다. 운명과 운명이 어떤 시너지를 낼지는 두 사람의 노력 여하에 달려있다. 내 운명으로 안 되는 것을 상대 운명의 도움을 받아 잘 넘길 수 있기 때문이다.

　　우리는 끊임없이 미래 도킹을 위해 준비하며 자신을 갖추어 나간다. 자신을 갖추고 있다는 것은 인연을 만나기 위함이고, 인연을 만난다는 것은 더 나은 미래를 만들어내기 위함이다.

　　우주 삼라만상이 아무렇게 돌아가는 듯 보여도 모두 질서 속에서 움직이고 있으며, 만남이 우연처럼 보여도 필연적인 만남이다. 다만 사람들은 질서의 패턴을 눈치채지 못하고 있을 뿐이다. 그래서 인간은 이러한 영의 만남을 우연이라 부른다.

인연과 인연이 만난다는 것은 별과 별이 만나는 것이다. 별과 별이 만나는 것도 서로 필요충분조건이 맞아떨어져야 만날 수 있다. 내가 힘이 약할 때는 위성이 되기도 하고, 내 힘이 커지면 위성을 거느리는 행성이 되기도 한다. 별이 빛을 발하기 시작하면 주변 별들도 빛나기 시작한다. 그 빛들이 모여 우주의 향연이 펼쳐지는 것이다.

수만 광년 떨어진 별빛이 누군가에게는 지표성이 되기도 하고, 또 누군가에게는 하나의 의미 있는 별빛이 되기도 한다. 그 별은 존재 자체만으로도 누군가에게 도움이 되는 것이다.

『인연의 도킹』은 하나의 별빛이다. 이 책이 누군가의 가슴에 빛을 비춰줄 수 있는 책이 되길 바란다.

-태라 전난영-

contents ···

1장

. . . .

인연의 도킹

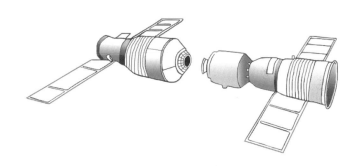

과거의 인연은 부모에 의해 결정되고
현재의 인연은 직업에 의해 결정되고
미래의 인연은 자신의 이념에 의해 결정된다.

인연의 조건값

인연의 도킹이란?

나는 인연과 인연이 만날 때, '도킹한다'라는 표현을 쓴다. 특히 인연과 인연이 연결이 안 되었을 때, '도킹이 아직 안 되었다'고 말한다.

'도킹(Docking)'이란 단어는 원래 우주 공간에서 우주선끼리 결합할 때 쓰이는 말이다. '우주 결합'이라고도 하는데, 도킹은 홀로 할 수 있는 것이 아니라, 둘이 할 수 있는 것이다.

도킹의 사전적 의미로는 두 개의 우주선이 정확하게 결합하는 행위이다. 도킹을 하는 이유는 우주 물자를 전달하거나 도움을 받기 위해서다. 이를 위해서 두 개의 우주 비행체가 서로 가깝게 접근하여 상대속도를 0으로 맞춘 후, 위치와 방향을 맞추면서 결합한다. 이때 두 비행체의 조건은 다음과 같다.

1. 두 비행체 모두 도킹을 하고자 하는 의지가 있어야 한다.
2. 만나는 장소, 시간을 정한다.
3. 서로 충돌하지 않게 상대속도를 0으로 맞추어야 한다.
4. 서로 소통을 시도하며 조건값을 맞추어야 한다.

우주의 도킹을 인연의 도킹에 적용해보면, 만나려 하는 A와 B는 먼저 약속을 잡아야 한다. 언제 어디서 어떻게 만날지 약속을 명확하게 잡아야 한다. 몇 년, 몇 월, 며칠, 몇 시, 어느 장소를 선택하여 그 시간, 그 장소에 정확하게 도착해야만 한다. 약속을 잡는다는 것은 서로가 만날 의지가 있다는 것을 전제로 한다. 서로 만날 의지가 없다면 약속 자체가 성립되지 않는다. 그리고 만나는 장소에서 계속 이동을 하고 있으면 안 되고, 정확한 자리에 멈추어서 상대를 기다려야 한다. 멈추어 기다린다는 것은 상대속도를 0으로 맞춘다는 뜻이다.

우리는 어떤 사람과 만나기 전에 그 만남을 할 것인지 말 것인지를 먼저 타진한다. 물리적 행위가 발생하기 전, 약속단계에서 상대를 만날지 안 만날지를 미리 정해야 한다. 마음을 먹기까지 여러 가지 상황과 조건값들을 따져봐야 한다. 물리적 만남을 갖기 전, 먼저 에너지 상태에서부터 조우가 이루어지는 것이다.

상대도 나도 만날 의지가 생성되었다면 그다음에는 시간과 장소를 정해야 한다. 시간이 안 맞아서 못 만날 수도 있고, 거리가 너무 멀어 못 만날 수도 있다. 그러나 정말 만나고자 하는 의지가 강하다면 시간과 장소는 그다지 문제가 되지 않는다. 서로의 필요충분조건에 의해서 만나게 되는 것이기 때문에 도킹이 더 자연스럽게 이루어진다. 여기에서 만나려는데 주변의 저항값이 없다면 더욱 쉽게 만날 수 있지만, 주변의 저항값이 세다면 만남에 장애가 생기게 된다.

이렇듯 인연과 인연이 도킹할 때도 서로의 조건값이 맞아떨어져야 도킹을 할 수 있는 법이다. 도킹을 할 때 미리 약속단계에서 서로를 맞추어보는 과정이 필요하다. 이 사람을 만나는 명분이 무엇인지, 만나서 무슨 얘기를 할 것인지, 만나서 무엇을 얻고 무엇을 내주어야 하는지 등등, 여러 가지 조건 등을 따지게 된다. 특히 사회에서 만나는 인연일수록 이러한 조건값을 더 따지게 된다. 서로의 조건값이 맞아떨어지면 그다음에 약속이 형성된다.

이 조건값을 살필 때 서로 간 급수가 작용을 하게 되며, 비슷한 급수끼리 만날 확률이 훨씬 높다. 우주선이 도킹을 할 때도 비슷한 조건의 우주선이 도킹을 하는 것이다. 물론 예외는 있다. 서로 비슷한 조건의 우주선이 만날 수 있는 것이지, 우주선과 경비행기가 친구처럼 만날 수 있는 것은 아니다. 즉 수준 차이가 너무 벌어지면 잠시 스쳐지나갈 수는 있으나 완벽한 인연의 도킹은 어렵다.

그래서 인연의 도킹을 하려거든 자신의 주제 파악을 먼저 하는 것이 필요하다. 내가 점보 비행기인지, 경비행기인지, 아니면 자동차인지 자신의 그릇 크기를 먼저 파악해야 인연과 인연의 만남에서 실수를 하지 않는다. 즉 조건값을 확립하려면 자신에 대한 조건값을 따지는 것이 먼저이다. 또한 상대 인연을 만나서 내가 무엇을 얻고 무엇을 내어줘야 하는지 명확한 분별이 필요하다.

조건값이 맞아떨어졌다고 해도 저항값이 강하면 만남이 힘들다. 우주선에서 저항값이 강하면 우주선 도킹은 저항값이 약해질 때까지 기다리거나 다른 조건값을 형성해야 한다. 만약 남녀 둘이 서로 좋아서 만나려 하는데 부모가 반대한다면 이것은 저항값에 해당된다. 저항값이 너무 세면 그 만남은 성사되지 않는다.

만남에는 수많은 만남이 있다. 남녀 간에 서로 사랑해서 만나는 만남도 있고, 직장에서 갑을관계로 만나는 경우도 있고, 친구끼리 만나는 만남도 있다. 여기에서 중요한 것은 만남을 갖고 싶다고 느끼는 것은 내가 무언가를 필요로 하기 때문에, 즉 결핍에서 발생하는 마음이 바로 만남의 본질이라는 것이다.

인연과 인연이 도킹하는 이유는 서로 도움을 얻기 위해서다. 서로의 정보를 나누거나, 서로의 물자를 나누거나, 내가 부족한 것을 상대로부터 얻기 위함이다.

우리가 성장하는 것은 인연의 도움을 통해서 성장할 수 있다. 태어나서는 부모 형제의 도움을 받고, 성장해서는 배우자의 도움을 받으며, 그밖에 친구, 동료들의 도움을 받으면서 성장한다. 다 성장하고 나서 자녀가 생기면 자녀에게 도움을 내려주려 하고, 더 나아가 나의 도움이 필요한 곳에 내 도움을 내려준다. 인간은 이렇게 사람과 사람이 만나 서로 영향을 주면서 성장하는 것이다. 그래서 인연과 인연이 만나는 것은 중요한 일이다. 마치 별과 별이 만나는 것처럼 우리는 서로를 비춰주고, 서로에게 영향을 받는다. 내가 볼 수 없는 부분은 상대를 통해서 볼 수 있고, 상대가 보지 못하는 부분을 내가 알려줄 수 있는 것이다. 이렇게 인간은 인간과 만나 문명과 역사를 이룩하였다.

인연과 인연의 도킹은 별과 별의 만남이다. 별과 별이 만나는 것도 서로 필요충분조건이 맞아떨어져야 하듯, 인연도 서로의 필요충분조건이 맞아 떨어져야 한다. 내가 힘이 약할 때는 위성이 되어야 하고,

내 힘이 점점 커지면 위성을 거느리는 행성이 되고, 내가 빛을 발산하기 시작하면 그때 비로소 별이 되는 것이다.

별은 수천만 광년까지 빛을 발산한다. 그 빛이 누군가에는 희망이 되기도 한다. 수천만 광년 떨어진 별을 보며 소원을 빌기도 하고, 그 빛을 방위 삼아 길을 찾기도 한다. 멀리 있는 별이지만 이 지구의 누군가는 그 별을 이정표로 삼을 수 있다. 즉 그 별은 존재 자체만으로도 누군가에게 도움이 되고 있는 것이다.

인간이 이 지구상에 내려오는 이유는 그냥 단순히 먹고 살기 위해 내려오는 것이 아니라, 영혼 상태에서 바로잡지 못하는 카르마적 오류를 해결하기 위해 이 지구에 내려오는 것이다. 인류가 살아오면서 빚어낸 오류들을 다시금 수정하고 바로잡기 위해서 내려오는 것이다. 이 카르마적 의무와 역할은 혼자서 풀 수 있는 것이 아니라, 우리 모두 공동으로 풀어야만 하는 운명을 가지고 있다.

신은 한 사람에게 모든 것을 준 것이 아니다. 내게 없는 것을 상대에게 주었고, 나는 상대의 마음을 얻어 그 퍼즐을 받아내야 한다. 상대가 가지고 있는 퍼즐을 넘겨받아 나만의 완성된 퍼즐을 만들어갈 때 우리는 점차 신의 모습을 찾아갈 수 있는 것이다.

인간과 인간은 거울처럼 서로 비춰보게 만들어졌다. 내가 보이지 않는 부분을 상대가 볼 수 있도록 만들어놓았기 때문에 우리는 상대를 통해서 나를 알아가는 것이다. 그래서 우리는 나를 위해서 사는 것이 아니라, 남을 위해서 살아야 하는 이유이다.

인연의 랑데부

도킹이라는 말 외에 만남이라는 뜻으로 '랑데부(Rendez-vous)'라는 프랑스 용어가 있다. 이 랑데부가 도킹의 뜻으로 쓰이기도 하는데, 도킹이 물질적 결합에 중점을 둔다면, 랑데부란 뜻은 만남이라는 의미에 중점을 둔다. 특히 연인과의 만남을 랑데부라고 한다. 여기에 만남의 장소, 만날 약속이라는 뜻도 포함하고 있듯, 랑데부란 뜻은 공간과 시간이 만나는 그 어떤 지점을 뜻한다.

인연과 인연이 만날 때 서로 끌리듯 만나기도 하며, 어쩌다가 인연이 되기도 하며, 인위적으로 만날 수도 있고, 우연찮게 인연이 될 수도 있다. 물론 인간적 관념으로는 우연처럼 비칠지라도 더 깊게 들어가면 전생의 인과의 법칙에 의해 인연의 만남이 이루어지는 것이다.

인연과 인연이 인위적으로 만날 때를 살펴보자. 인위적인 만남은 무언가 현실적 도움을 필요로 하기 때문에 만남을 요청하는 것이다. 이때는 필요충분조건이 맞아떨어져야 한다. 즉 도킹을 하려면 내가 맞추거나 상대가 맞추거나 혹은 비슷하여 만나는 조건이 이루어져야 한다. 수준의 격차가 너무 크면 만나려 해도 만날 수가 없다. 왜냐하면 저 위에 있는 사람의 시공간이 다르고, 저 아래에 있는 사람의 시공간이 다르기 때문이다. 사장의 동선과 사원의 동선이 다르고, 이들이 시간을 쓰는 방법도 다르며, 이야기의 수준차도 각기 다 다르다. 물론 한 회사라는 울타리가 있기 때문에 가끔씩 사장과 사원이 만날 확률은 많지만 한 회사의 말단 사원이 전혀 다른 업종의 오너를 만나기란 더

더욱 어렵다.

어릴 적 학교에 다닐 때는 비슷한 수준의 학생끼리 모여 만남을 이룬다. 이때는 내가 어느 지역에 살고 있고, 어느 학교, 어느 반이냐에 따라 내 인연들이 결정되었다. 즉 내 의지보다는 부모를 비롯한 주변 어른들에 의해 내 인연이 결정된다. 같은 학교를 다닌 친구끼리의 만남에서 볼 때 이때는 서로 배우고 있는 단계이기 때문에 만남이 쉽게 이루어지지만, 학교를 졸업하고 어느 정도 성장한 뒤 각자의 길이 펼쳐지게 되면, 그때는 급수대로 만남이 나뉘게 된다. 사회에 나와서 비슷한 업종끼리는 만남이 쉽게 이루어지겠지만, 전혀 다른 업종의 일을 하며 전혀 다른 지역에 살고 있다면, 서로 만날 접점이 생기지 않는다.

비슷한 수준끼리의 만남에 있어서는 저항값이 그렇게 크게 작용하지 않는다. 지역, 학교, 수준차가 발생하지 않기 때문에 그냥 만나서 서로의 정보를 교환할 수 있다. 이때는 서로 만나고자 하는 마음이 자연스럽게 생기면 쉽게 약속을 정해서 만날 수 있다. 만나서 회포를 푼다는 차원에서 쉬운 만남이 이루어질 수 있으나, 서로 간의 급수 차이가 현저하게 나면 한쪽이 만남을 꺼리게 된다. 즉 서로 간의 격차는 만남을 중단시키는 중요 원인이 된다.

학교나 직장 등 어느 조직에 소속이 되어 일하는 사람 간에 만남은 저항값이 많이 발생하지 않고, 서로 비슷한 수준의 만남을 가질 수 있다. 그러나 덩치가 큰 인연끼리의 만남은 쉬운 만남을 갖기가 힘들다.

여기서 덩치가 큰 인연이란, 자신의 조직을 거느리고 있는 오너 등을 예로 들 수 있다. 즉 거느리고 있는 인연의 판을 가지고 있는 사람들을 말한다. 이런 사람들은 중간에 중개자가 다리를 놓아야만 만남이 성사되는 경우가 많다. 서로의 수준차를 가늠하고 서로에게 도움이 될 수 있을지를 가늠한 뒤, 중간에서 중개자가 두 사람 사이를 붙여주어야만 그 만남이 성사될 수 있다. 왜냐하면 어느 한쪽이 숙이고 들어갈 수 없기 때문이다. 그래서 이들을 위한 브로커가 생기는 것이다. 브로커가 중간에서 각각의 오너 사이를 오가며 조건값을 타진해야 하기 때문이다.

만남이라는 것은 결핍의 보완이다. 내가 없는 것을 상대가 가지고 있고, 상대가 없는 것을 내가 가지고 있어서 서로 교환할 것이 있을 때 만남이 이루어진다. 또한 비슷한 조건이 형성되었다고 하더라도 인연과 인연이 만날 때는 서로 만나고자 하는 마음이 있어야만 만날 확률이 높아진다. 마음과 마음이 만날 때 마음의 크기가 맞아떨어지면 만나는 것은 일사천리로 이루어진다.

만남이 쉽게 이루어지는 경우란, 조건값이 가벼울수록, 덩치가 작을수록, 수준이 비슷할수록 만남이 쉽게 이루어진다. 조건값이 가볍다는 것은 만나면서 상대에게 바라는 무언가가 크지 않다는 이야기이고, 덩치가 작다는 것은 조직 대 조직이 아닌, 너와 나의 개인적이고 사적인 만남을 이야기하는 것이며, 수준은 현재의 물질적, 정신적 수준을 말한다.

모든 만남에는 목적이 들어가 있다. 목적 없는 만남이란 없다. 어떤 이는 순수한 만남을 이야기할지 모르나, 순수한 만남이란 없다. '난 순수하게 내 마음과 통할 수 있는 사람을 원해요'라고 한다면 이 사람은 내 정보를 흡수해 줄 누군가가 필요하다는 뜻이다. 이 또한 정보흡수라는 측면에서 목적성이 내포되어 있다.

정보를 교환하든, 인기(人氣)를 교환하든, 성 에너지를 교환하든, 물질적인 혜택을 얻든, 여러 가지 인간의 목적과 목적이 맞물려 인연의 틀을 엮어간다. 순수한 만남이 이루어지는 때는 상대를 모두 알고 난 다음에 비로소 순수한 마음이 나오는 것이다. 상대를 이해할 때, 상대를 진심으로 생각하는 마음이 나오기 시작하는 것이다. 첫 만남부터 진심은 나오지 않는다. 진심은 상대를 이해할 때 나오는 마음이다.

인연과 인연의 만남이 시작되는 것은 어떤 목적성을 가지고 출발하지만 그 안에서 만들어가는 마음은 순수하게 발전될 수 있다. 상대를 이해하고 상대를 알게 되면 순수하게 내어주려는 마음이 생겨나는 법이다.

부부의 연을 맺든, 친구의 연을 맺든, 파트너의 연을 맺든, 처음 만남에는 목적성이 내포되어 있지만, 그 안에서 인연을 어떻게 상생으로 이끌어 가느냐가 중요하다.

가장 좋은 것은 인연을 만나서 서로의 급수(정신적, 물질적 급수 모두 포함)가 올라갈 수 있다면, 서로 얻는 이득이 많다면, 서로 배울 것이 많다면, 서로 나눌 것(정보, 에너지 포함)이 많다면, 서로 위로가 될 수 있다면, 이만큼 좋은 인연은 없다.

인연과 인연이 만나는 조건값

별과 별이 만날 때, 어떤 별은 질량이 큰 별에 안착하여 위성이 되기도 하고, 어떤 별은 부딪쳐 서로에게 상처만 남기고 떠나기도 하며, 또 어떤 별은 아슬아슬하게 변화만 이끌고 헤어지기도 한다. 어떤 별은 서로가 서로를 도는 쌍성이 되기도 하고, 어떤 별은 태양계 같은 군집에 들어가 일원이 되기도 한다. 이 우주가 만들어지는 원리는 인간관계에도 그대로 적용할 수 있다. 별과 별이 만나듯, 인연과 인연이 만난다. 인연과 인연이 연을 맺을 때는 서로의 조건값이 맞아 떨어져야만 한다. 별들처럼 어떤 인연은 아슬아슬하게 스쳐지나가기도 하고, 어떤 인연은 서로 인연이 되지 못한 채 아쉬움만 간직하고 헤어진다. 또 어떤 인연은 상처의 흔적을 강하게 남기고 떠나기도 한다.

인연 중에 가장 큰 인연은 가족의 인연과 부부의 인연을 들 수 있다. 가족의 인연은 태어나 보니 맺어져 있는데, 과연 내가 선택했는지에 대한 기억이 없다는 점을 안고 시작한다. 물론 영적으로 들어가면 전생의 인과관계에 의해 부모 자식간의 연이 결정된다.

인연과 인연이 만날 때 필요한 조건값이라는 것이 있다. 인연과 인연이 만나는 것도 시대적 상황과 의식 수준에 따라서 달라진다. 신분적인 급수가 부부인연의 만남을 정하던 시절이 있었고, 물질적인 급수가 부부인연의 만남을 정하던 시절도 있었다. 미래는 대화의 소통이 만남을 정하는 시대로 흘러가고 있다. 지금의 시대는 그 과도기에 있어서 물질적 급수와 대화의 소통 두 가지에 영향을 받는다. 서로 물질적 차이가 너무나도 연결되기 힘들고, 서로 영적인 차이가 너무나도 연결되기 힘들다.

　인연과 인연이 만나 서로 간의 간극을 줄여가는 것이 무엇보다도 중요하다. 간극이 너무 크게 만나면 결국은 헤어질 가능성이 많고, 일정 한도 내에서의 간극이라면 서로 극복을 할 수 있다. 집안의 수준 차이가 너무 나서 그 간극을 극복하지 못하면 헤어지게 되어있다. 간극을 극복할 때는 위에 있는 자가 아래 있는 자를 끌어주고, 아래 있는 자는 위에 있는 자를 따라가려 노력해야 한다. 간극을 줄이려는 노력 없이 서로 자신의 고집을 부리려면 차라리 헤어져서 비슷한 부류를 만나는 편이 낫다. 그러나 비슷한 부류의 인연을 만나면 그다지 큰 발전은 없게 된다.

　비슷한 조건값의 간극은 위아래 30% 이내에서 이루어지는 것이 좋다. 간극의 범위를 넘어서면 종속의 관계가 되고, 너무 비슷하면 관계는 유지되나 큰 발전은 없게 된다.

　인연과 인연이 도킹될 때, 물질적 수준이 높은 사람과 낮은 사람이 만나려면 위에 있는 사람이 망해서 아래로 떨어져야만 아래 있는 사람과 연이 될 수 있다. 물론 반대의 경우도 있다.

　급수의 간극이 심하게 나는 인연이 서로 만날 때, 동등한 조건 관계에서 만나려면 한쪽은 망해가고 한쪽은 상승하는 그 어떤 지점에서 만나게 될 것이다. 급수의 간극이 심하게 나는 인연이 서로 만날 때, 동등한 조건의 관계가 아니라면 갑을관계로 만나는 것이 바람직하다.

인연의 중력장

중력법칙과 인연

모든 살아있는 만물은 회전한다. 그리고 서로를 끌어당긴다. 회전의 힘과 끌어당기는 힘이 합해져 중력이라는 힘이 발생한다. 회전은 살아있는 생명체의 움직임이다. 별들도 회전을 하고, 지구도 회전을 하며, 인간의 기(氣)도 회전을 한다. 다만 죽어있는 것은 회전을 멈추고 그 어떤 움직임도 일으키지 않는다.

어떠한 물체가 회전운동을 시작할 때 주변의 낮은 질량들은 이 회전하는 큰 질량 속으로 편입된다. 이것이 중력의 법칙이다. 자연만물 속에 존재하는 중력의 법칙을 인연과의 관계성에도 적용할 수가 있다.

기운이 세고 큰 사람들은 사람을 거느린다. 자신이 품을 수 있는 용량 크기에 따라 어떤 사람은 열 명, 어떤 사람은 만 명, 어떤 사람은 그 이상도 거느린다. 인간 세상의 모든 조직은 돈이라는 에너지가 순환하면서 회전을 시키고, 그 조직에 포함된 직장인들은 조직의 질서에 따라 움직인다. 마찬가지로 국가도 순환하고 움직이며 국민들은 국가

질서 속에 포함되어 움직인다.

이렇듯 우리 인간은 가장 최소의 단위인 가정이라는 하나의 에너지권을 형성하고, 업에 따라 직장이라는 에너지권에 편입되며, 인종이나 문화적 동질성에 따라 국가라는 에너지권을 이룬다.

가정이라는 질서 속에 묶이고, 직업이라는 업(業)의 질서 속에 묶이고, 국가라는 질서 속에 묶인다. 작게는 가정에서부터 시작된 하나의 형태장은 사회 속으로 엮이고, 또 국가 속에 엮인다. 이렇게 서로가 서로를 끌어당기고 큰 질서 속에 작은 질서가 포함되면서 순환된다. 이러한 순환의 작용이 인연의 중력장을 만들어내는 것이다.

개인적인 인연과 인연이 만날 때는 인력이 작용하고, 직장이나 어떤 단체에 들어가는 것은 회전하는 회전체에 올라타는 것이다. 직장이라는 곳도 돈의 흐름이 흐르는 회전체로 작동하고, 우리 인간은 이러한 회전체에 올라타야 물질 에너지를 수혈받을 수 있다.

가정이라는 곳은 인연의 기본 형태장이다. 남과 여가 만나 결혼을 하고 그사이에 만들어진 아이는 남과 여를 단단하게 묶어놓는다. 남과 여가 만나는 것은 서로 다른 극성이 만나는 것이다. +와 −가 만나듯, 여성이라는 음과 남성이라는 양이 만나 균형과 조화점을 만들어간다. 전혀 다른 극성이 서로 합해지면서 균형점을 찾아가는 것, 이 과정은 여성과 남성의 결혼 속에 잘 드러나 있다.

결혼이라는 것은 서로 간 극성의 간극을 줄여나가는 과정이다. 조금씩 양보하고 희생하면서 서로를 닮아가는 것, 이것이 완전에 점점 다가가는 길이다. 삼각형의 양 극점이 점점 맨 위 꼭짓점에 다다르는 지점으로 나아간다. 정신의 통합은 안정으로 나타나고, 물질의 통합은 자식으로 나타난다.

인연과 카르마의 중력장

인간은 지구라는 땅에 발을 딛고 살고 있다. 맨몸으로는 대기권 밖으로조차 나갈 수 없는 나약한 생물학적 존재이다. 대기권 밖으로 나간다는 것은 어마어마한 에너지가 들어가는 일이다. 세계 최고의 지적인 기술과 더불어 물질적인 돈이라는 에너지가 투입되어야만 가능한 일이다. 한 사람을 우주에 보내기 위해서 수많은 천재들이 머리를 맞대어 우주선을 만들고, 기계들을 발명하고, 실험하고, 테스트하며 오류를 바로잡고 난 뒤, 비로소 인간 몇 명을 저 우주로 날려 보낼 수 있는 것이다. 이렇듯 인간이 지구 대기권 밖으로 나간다는 것은 큰 에너지가 드는 일이다. 그만큼 우리 인간은 지구라는 중력장에 잡혀 맨몸으로는 한 발자국도 이 지구를 벗어날 수 없게 만들어져 있다.

이 지구라는 중력장에 붙잡혀 살고 있는데다가, 카르마라는 중력장에 붙잡혀 살고 있다. 부모님의 에너지권에 붙잡혀 있는 사람, 남편 혹은 아내라는 에너지권에 붙잡혀 있는 사람, 자식이라는 에너지권에 붙잡힌 사람 등등 다양한 관계성에 붙잡혀 살고 있다. 즉 이러지도 저러지도 못하는 애증의 관계에 묶여있다.

자신을 묶어두는 인연으로 인해 하루에도 수천 번씩 감정적 동요를 일으킨다. 다가가지도 떠나지도 못하는 상태에 묶인 채로… 이 애증의 관계에 묶여있으면 떠날 수도 머물 수도 없는 상태가 된다. 일정 시간이 흐를 때까지, 스스로 성장할 때까지, 혹은 스스로 깨달을 때까지, 우리는 자신이 만든 감옥에 스스로를 가둔다.

자기 스스로 생각하기에 '이제 되었다. 나가도 된다.'라고 판단될 때까지 우리는 이 감옥 속에 갇혀있다. 이 감옥의 문은 자신만이 열고 나올 수 있다. 마치 새가 알 속에 갇혀있듯, 우리는 카르마라는 굴레 속에 갇혀있다. 감옥의 문이 닫힌 듯 보이지만 사실 감옥의 문은 처음부터 없었다. 그건 우리 마음이 만들어낸 환영일 뿐이다. 인연과 인연이 엮여 만들어낸 엉킨 실타래 같은 카르마의 문이다. 수 천 년 동안 우리 인간은 이 카르마의 굴레 속에서 엉킨 실타래를 풀기 위해 이 지구로 환생하는 것이다.

지구의 기술은 우리 인간의식의 성장에 맞추어 발전해 나갔다. 그리고 우리 인간은 자신의 의식 크기만큼 세상을 인지하고 이해할 수 있다. 우리끼리 좁은 땅에서 우리만 알고 지지고 볶고 살던 때가 있었다면, 이제는 너도나도 마음만 먹으면 세계 곳곳을 누빌 수 있는 세상이다. 더불어 조금씩 지구 대기권을 벗어나고자 노력하고 있는 시기이다.

우리 인간이 지구 대기권을 마음대로 오고 갈 수 있는 날이 온다는 것은 인간 사이에 끈끈하게 연결되어있던 카르마 중력장이 약해진다는 표시이기도 하다. 서로를 묶고 있는 감정의 상태에서 자유로워질 수 있어야 비로소 카르마 중력장에서 벗어나는 것이다. 그래서 가족 카르마가 센 사람들은 외국으로조차 나갈 수 없는 환경이 만들어지고, 가족들과 작은 공간에 붙어살 수밖에 없는 환경이 주어진다.

어느 정도 카르마가 해소되고, 물질에너지가 수혈되면, 먼저 공간이
넓어진다. 그리고 자신이 활동할 수 있는 영역이 점점 넓어져 간다. 개
인화가 이루어지고 있다는 것은 대부분의 카르마가 해소되어가고 있
다는 징표이기도 하다. 기존의 가족이 해체되고 새로운 가족 형태가
만들어지고 있다. 카르마가 센 집안은 걱정이 끊일 날이 없다. 부모는
자식 걱정으로 자식을 묶어두고, 서로를 걱정하면서 서로를 단단히 묶
어두고 있다.

인간이 대기권 밖으로 나가는 날, 우주를 외국 드나들듯 오갈 수 있
는 때가 되면, 그때서야 비로소 우리 인간의 카르마 굴레 또한 종말을
고할 것으로 본다. 우리의 의식 크기만큼 우리의 물질적 영역도 확장
되기 때문이다.

인연의 세팅

환경적 세팅

태어날 때부터 자신에게 주어진 환경이 있다. 어떤 아이는 부자 부모를 만나 어려서부터 상위층이 누릴 수 있는 특별한 경험을 하는 아이가 있고, 어떤 아이는 가난한 부모를 만나 어려서부터 가난을 체험하는 아이도 있는가 하면, 어떤 아이는 태어나면서부터 버려져 이국만리 땅에 가서 자라는 아이도 있다. 어떤 아이는 남의 손에 키워지기도 하고, 어떤 아이는 부모로부터 학대받으며 살기도 한다. 한번쯤 나에게 이런 환경이 왜 주어졌을까 생각해 본 적이 있는가?

자신에게 주어진 환경의 원인을 분석해볼 생각도 하지 않고, 오로지 세상을 원망하고, 부모를 탓하며, 자기 환경에 대한 원망을 외부로 돌리고 있지는 않은가? 스스로에 대해 한번쯤 되돌아본 적이 있는가? 자신의 성격이 왜 이렇게 변해버렸으며, 자신의 잘못된 오류를 수정하려고 한 적은 있는가?

이런 환경이 무작위로 설정되는 설정값처럼 보일지 모르겠지만 잘 살펴보면 현재 태어났을 때 주어진 환경은 윤회적 관점에서 보자면,

이전 삶(전생)으로부터 기인한 환경이다. 다르게 표현하자면 전생의 삶의 결과가 현생을 설계하고, 현생은 미래를 설계한다. 처음 태어났을 때 주어진 환경은 전생으로부터 기인한 환경이며, 전생에 다하지 못한 영혼의 숙제를 현생에 이어서 하고 있는 중이다. 더불어 현생의 삶은 미래 삶을 결정짓는다.

인연의 세팅은 전생의 결과값이다. 선연도 악연도 모두 전생의 인연으로부터 비롯되어 나에게 세팅된 환경이며, 현재의 순간에 주어진 인연을 만나 다음 생을 어떻게 설계할지는 현재 자신의 상태에 달려있다. 현생에 만나는 인연은 전생에 이미 세팅된 인연을 만나는 동시에 더불어 이생에 다시 만나는 사람은 미래 인연을 세팅하는 중이다.

보이지 않는 신들이 하는 일 중에 가장 중요한 일이 바로 인연을 만나게 하는 일이다. 인연과 인연이 만나 창조하기도 하고, 파괴하기도 하며, 사건을 일으키고 물결을 일으킨다.

전생의 연으로 인연을 만났다면 그 인연과 관계를 형성해가는 것은 오늘이라는 시간이며, 오늘 나의 분별과 결정이 미래의 시간을 만들어 간다는 점이다. 그래서 내 앞에 다가온 가까운 인연에게 최선을 다해야 하는 이유이다.

우리의 영혼은 영원히 죽지 않는 불멸의 에너지이다. 자연이 물질의 형태만 바꾸어 변하듯, 우리 영혼도 물질 형태를 바꾸면서 진화한다. 전생과 영혼이 없다고 한다면 내 환경이 이해되질 않고, 자신이 태어난 의미 자체가 없다. 종족 번식을 위해 산다면, 짐승들도 종족 번식을 위해 산다. 전생과 영혼이 없다고 한다면 삶의 모든 맥락이 이해되지 않는다.

  현생은 전생의 총합이다. 전생을 알고 싶다면 현생의 자기 모습을 있는 그대로 보라! 현재의 모습 속에, 습관 속에, 환경 속에, 전생의 흔적이 고스란히 담겨있다. 그래서 현재 자신을 살피는 것만큼 중요한 것은 없다.
  전생보다 더 중요한 것은 미래를 만들어가는 '오늘'이라는 시간이다. 오늘이라는 시간은 과거의 아픔을 치유하고 밝은 미래를 설계할 수 있는 기회가 주어진 시간이다.

  잘 생각해보라! 오늘 나의 환경은 어제의 연속이고, 과거의 연속이 현재의 환경을 만들고, 오늘의 나는 내일을 창조하고 있는 중이다. 오늘 나에게 주어진 시간 동안 당신은 무엇을 창조하고 있는가?

시간적 세팅

  인연이란 내 행위가 불러들인 결과값이며, 서로가 서로를 비춰주는 거울로 작용한다. 살면서 우리는 몇몇 중요한 인연들을 만나게 된다. 그중에 중요한 인연을 살펴보면 부모 자식 간의 인연과 부부간의 인연이 될 것이다. 부모 자식 간의 인연이 수직관계로 작용한다면, 부부간의 인연은 수평관계로 작용한다. 혈육으로 연결된 인연과 부부인연은 에너지적 채무관계로 연결된다. 부모는 자식에게 에너지를 내려주고,

부부는 에너지를 서로 주고받는다. 이렇듯 인연이 세팅되는 것은 서로 간 에너지 채무관계에 의해 인연이 세팅되는 것이다. 초년에는 부모와 자식 간의 연이 가장 강하게 작용하고, 성장해서는 부부의 연이 가장 강하게 작용한다. 자식이 생기면 다시 부모와 자식 간의 연이 맺어진다. 이렇듯 시간에 따라 우리에게 주어지는 인연은 제각각 다 다르다.

초년시절에는 친구를 만나고, 청년 시절에는 애인을 만나며, 직업을 갖고 나서는 동료를 만난다. 우리 모두는 각자의 성장 속도에 맞춰 그 수준에 맞는 인연을 만나게 된다. 같은 학교를 다니면서 맺어지는 친구, 같은 회사를 다니면서 맺어지는 동료, 같은 생각을 나누면서 맺어지는 동지 등, 시간에 따라, 생각에 따라, 인연과 만나고 헤어진다.

인연이란, 나를 성장시키는 양분과도 같다. 적절한 때 적절한 인연을 만나 서로 정보를 나누고 마음을 나누며 성장하는 것이다. 나무가 적절한 온도와 적절한 바람, 적절한 양분을 먹고 잘 성장하듯, 인간 영혼도 인연을 만나 영혼의 양분을 먹고 자라는 중이다.

물질지구에서 인연이란, 만나면 언젠가는 헤어지게 되어있는 법이다. 물론 영적 측면으로 들어가면 우리에게 이별이란 없다. 각자 성장 속도에 맞추어 적절한 인연이 들어오고 나가고 또다시 새로운 인연이 들어오는데, 우리는 한번 맺은 인연과 헤어지는 것이 힘들다. 특히 감정적으로 연결되면 더더욱 떼기가 어렵다. 그래서 인연과의 관계성을 계속 이어가고 싶어한다.

그렇다면 지금 현재라는 시간을 놓고 과거의 인연, 현재의 인연, 미래의 인연이 계속 쭈욱 이어진다면 과연 좋은 것일까?

과거 인연인 초등학교 동창을 만나서 현재에도 만나고 미래에도 계속 만날 생각인가? 물론 서로 환경이 비슷하고 서로 함께 성장해 나간다면 계속 만날 순 있겠지만, 서로 가는 길이 다르고 의식 수준이 다르면 인연은 자연스럽게 멀어지게 되어있다. 같은 초등학교를 다닌다는 것은 그 지역에 비슷한 수준의 부모 밑에서 비슷한 수준의 아이들과 친구로 맺어졌다는 뜻이다.

과거의 인연은 부모에 의해 결정되고
현재의 인연은 직업에 의해 결정되고
미래의 인연은 자신의 이념에 의해 결정된다.

과거의 인연이 맺어지는 메커니즘을 분석해보면, 부모 직장이나 부모의 이념에 따라서 나의 환경이 만들어진다. 부모 직장이나 직업에 의해 지역이 정해지고, 그 지역에서 학교를 다니게 된다. 즉 부모님의 업(業)이 환경을 만들게 되는 것이다. 간혹 부모님의 이념에 의해 환경이 결정되는 경우도 있다. 우리 자식을 외국에 보내서 글로벌하게 키우고 싶다는 생각에 아이를 외국으로 보내는 경우는 부모의 이념에 의해 환경이 만들어지는 경우이다.

현재의 인연은 자신의 직장이 어디냐에 따라 맺어진다. 대기업을 다니는 사람은 같은 기업에 다니는 사람들과 인연이 맺어지고, 의사인 사람은 의료종사자들과 인연이 연결되고, 장사하는 사람은 장사와 관련된 사람들과 연이 맺어진다. 즉 자신의 업이 인연을 만드는 것이다.

　미래의 연은 자신의 이념에 의해 좌우된다. 내가 어떤 삶을 살 것인가에 따라 그에 맞는 연을 세팅해 나가게 된다. 우리의 무의식은 생각과 이념에 따라 현실을 창조해 나가기 때문이다.

인연의 연결망

인연의 판

우리나라는 예로부터 인연의 맥을 중요시했다. 또한 인맥을 타고 올라가려는 성향도 무척 강했다. 그래서 사람을 만나면 고향을 묻고, 출신 학교를 묻고, 나이를 묻고, 자신과의 연결점을 찾으면서 호구조사를 시작한다. 그러다가 연결고리가 발견되면 그때부터는 급속도로 가까이 파고들어 온다. 사돈에 팔촌까지 호구조사를 하면서 아는 사람까지 결국 찾아내어 연을 이으려 한다. 그러나 요즘 젊은이들은 이러한 호구조사를 싫어한다. 자신의 에너지권 깊이 들어오는 것을 달가워하지 않기 때문이다. 그만큼 개별화가 강해졌다는 얘기다.

인연에는 거미줄처럼 연결된 '망'이라는 것이 있다. 물론 한 다리 건너 사돈에 팔촌까지 확장하다 보면 다 아는 사람이겠지만, 함께 일을 하고, 함께 에너지가 깊이 연루된 무리가 있다. 이들은 함께 살고, 함께 죽는 공동운명체처럼 운이 함께 작용하여 움직인다. 잘 나갈 때는 함께 잘 나가고, 못 나갈 때는 함께 못 나가는, 이른바 운명의 굴레에 함께 엮여있는 사람들이다. 또한 비슷한 분야, 비슷한 업종, 비슷한 나이대에서 함께 활동하는 무리 또는 그룹들이 있다.

예를 들어 현재의 정치권을 보자. 이들은 전생에도 그랬고, 이생에도 그렇고, 비슷한 사상을 가진 사람들이 모여 서로 정보를 주거니 받거니 하면서 하나의 무리를 형성하고 있다. 서로 이념이 다른 무리와 무리가 만나 기 싸움을 벌이면서 서로의 주도권을 쥐려고 한다. 좌와 우가 다른 듯 보이지만, 이들은 한 무리의 인연판에 해당된다. 즉 서로가 서로를 너무나 잘 아는 사이이다. 좌든 우든, 이들은 하나의 인연판 안에서 움직이고 있는 것이다.

서로 연이 있기 때문에 비슷한 무리의 인연을 당기고, 활용하고, 도움을 받고 할 수 있는 것이다. 인연의 판이 연결되지 않으면 무슨 수를 써도 연이 연결되지 않는다. 그런데 여기에서 전혀 연결될 수 없는 인연과 인연을 연결시키는 사람들이 있다. 바로 브로커의 에너지를 가진 사람들이다. 모든 중요 사건에는 항상 이 브로커들이 있다. 브로커를 끄집어내면, 그와 연결된 인연의 판 전체를 들여다볼 수 있기 때문에 브로커를 캐려 하는 것이다. 이들은 특정 사념 에너지로 엮인 무리이다. 브로커들은 여기저기 거미줄처럼 인연의 줄을 연결하고, 힘과 힘을 연결시키는 매개체 역할을 한다. 즉 인연의 점과 점을 연결하는 사람들이다.

이들 인연의 판이 어떤 일을 벌이는지, 어떤 성향의 에너지 무리인지 살펴보고 인연과 연을 터야 한다. 사람을 잘못 만나면 단순히 인연과 밥 한번 먹는 것만으로도 인생에 치명적인 영향을 입을 수 있기 때문이다. 물론 내면에 물질적 욕망이 도사리고 있기 때문에 그러한 인연과 연을 맺어가는 것이겠지만….

인연과 깊은 관계를 형성하기 전, 이 인연을 계속 만날 것인가? 아니면 끊을 것인가를 결정해줘야 한다. 이때는 이 사람을 만남으로 인해서 자신에게 어떤 영향을 끼치는가를 살펴보아야 한다.

인간은 이기적 동물이라서 이 사람이 자신에게 어떤 이득을 안겨줄 수 있는가를 먼저 살피게 된다. 이때 이득이란 자신이 원하는 바, 혹은 자신의 목적성과 부합되는가를 살피면서 연을 맺을 것인가를 결정하게 된다. 그러나 요즘은 단순히 보험용으로 인연을 터놓으려는 사람들이 꽤 많은 것도 사실이다.

물질적으로 위로 올라가고자 하는 사람이라면 권력과 힘 있는 사람과 연을 트려 할 것이고, 정신적인 것을 추구하는 사람이라면 정신적 멘토가 되는 사람과 연을 트려 할 것이며, 돈을 추구하는 사람이라면 돈 있는 사람과 연을 맺으려고 한다. 그러나 대체로 인간은 나보다 나은 사람과 연을 맺으려 한다.

상대와 연을 맺을 때, 이 사람이 나에게 영광을 안겨 줄 것인지, 아니면 독배를 줄 것인지 예측하기는 힘들겠지만, 상대의 인간성을 보고 결정하는 것이 가장 바람직하다. 그중에서도 신의가 있는지를 살펴보는 것이 가장 중요하다. 상대의 돈을 보고, 외모를 보고, 혹은 힘을 보고, 경력과 스펙을 보고, 사람과 연을 트면 욕심과 욕심이 충돌했을 때 반드시 치명적인 상처를 입게 된다. 특히 공적인 일을 하는 사람일수록 인연 맺는 것에 신중해야 한다.

요즘 시대는 공적인 일을 하는 사람들에게 도덕성이 강하게 요구되는 시대이다. 애매한 포지션은 오해를 불러일으키고, 애매한 태도는 상대를 헷갈리게 한다. 내가 분명한 태도를 취해줘야 상대도 자신의 길을 바로 갈 수 있다.

좋은 인연을 얻는 데 있어서 공을 들여라! 그리고 함께 인연이 되었다면 좋은 인연을 만들어가려고 노력하라! 좋은 인연이란, 서로에게 배움과 깨달음이 있어야 하고, 서로 상생 발전할 수 있어야 하는 인연이다. 그게 아니라면 과감하게 인연을 쳐내는 것도 한 방법이다.

귀인은 언제 등장하는가

일이라는 것이 되려 할 때는 희한하게 잘 풀리면서 성사되기도 하고, 인간의 의지로 어떻게 해보려고 발버둥 친다 해도 안 되는 일이 있다. 세상에는 불가사의한 일들이 많다. 이성적이고 논리적으로 이해하려 해도 참 희한하게 벌어지는 일들도 참 많다. 그중에 인연의 만남 또한 그렇다.

인연의 법칙은 너무 싫어해도 끌리고, 너무 비슷해도 끌린다. 즉 양극성 사이에서 인연의 에너지장이 형성되는 것이다. 자석의 음극과 양극이 만나듯, 인연도 극성을 띠면 띨수록 끌어당김이 세어진다. 그래서 밋밋한 사람들에게 인연이 잘 붙지 않는다.

끌어당기는 힘이란, 강력히 당기는 힘이 있어야 가능한데, 에너지적으로 밋밋한 사람은 사람을 붙잡지도 밀지도 않는다. 이러한 사람은 비슷한 파장대의 밋밋한 사람끼리 만난다.

어떤 사람은 평생 자신이 몸을 움직이고 노력해서 이루는 사람이 있는가 하면, 어떤 사람은 인연을 잘 만나서 타고 올라가는 사람도 있다. 물론 각자 맡은 역할 때문이기도 하다. 그런데 인연을 타고 올라가는 사람들의 경우는 인간적 매력이 많은 사람이 인연을 타고 올라간다. 향기가 강하기 때문에 주변에 사람들이 몰려드는 것이고, 상대에게 여운의 향기를 남기기 때문에 강한 느낌의 기억으로 남는 것이다. 어떤 사람은 인연을 만나 수렁으로 빠지기도 하고, 어떤 사람은 인연을 만나 높은 고지를 함께 오르기도 한다.

사람에게는 각자 만나야 할 인연의 판이 세팅되어있다. 그 판 위에만 올라가면 인연이 자연스럽게 연결이 된다. 물론 그 판 위로 올라가는 것은 막을 뚫는 것만큼이나 힘든 일이기도 하지만, 그 막을 뚫고 올라가면 인연은 자연스럽게 연결된다. 판을 뚫고 올라가는 것은 자신의 레벨과 격을 한 단계 올리는 일이다. 판마다 만나는 인연의 레벨과 격이 달라지며, 인연의 판은 서로 비슷한 느낌과 향을 가지고 있다.

현재 만나는 인연들은 자신에게 세팅된 판 위에서 인연이 연결되는 것이다. 자신이 그 판에서 일정 부분 에너지가 차고 성장하게 되면 그

판보다 위의 판에서 자신을 이끌어줄 귀인이 등장하여 자신을 다음 판 위로 끌어올려 준다. 그래서 귀인은 다음 판으로 나아갈 때 등장하는 것이다. 아무 때나 귀인이 등장하는 것은 아니다.

인연과 운명

인연을 만나면서 운명이 갈라진다

물질지구에서 핏줄로 연결된 가족은 전생의 인과에 따라 이미 결정 지어진 환경이다. 지구에 내려와 눈을 떠보니 이분은 나의 부모님이라고 결정지어졌다. 어떤 이는 친부모를 만나고, 어떤 이는 부모에게 버림받고, 어떤 이는 남의 손에 키워지기도 한다. 아기일 때는 나의 결정권이 주어지지 않기 때문에, 어른들에 의해서 나를 양육할 사람이 정해진다. 아기 때는 철저히 하늘의 운명에 따라 인연이 정해진다.

자신의 의지가 일정 부분 개입된, 유일하게 자신이 선택할 수 있는 선택권이 주어지는 인연이 바로 배우자이다. 물론 옛날에는 결혼시기가 빨랐기 때문에 부모님이 배우자를 직접 선택해주었다. 그러나 요즘 시대에는 자신의 의지가 어느 정도 개입되어 배우자를 선택할 수 있다. 사실 자신의 의지로 선택한다고 하지만 깊이 들어가면 이조차도 전생의 인과관계에 의한, 카르마적 선택인 경우가 대부분이다.

과거의 시대는 업을 짓는 시대였다면, 지금은 업을 푸는 시대이기 때문에 자신의 카르마에 의해 인연을 선택한다. 자신이 선택한다는 착각에 빠지면서 배우자를 선택하고, 카르마에 끌려 들어가며 이전 전생에 얽혀있던 고리들을 풀 수 있는 상황극이 펼쳐지는 것이다. 그런 측면에서 보자면, 부모는 이미 깔린 판이고, 외부에서 들어오는 인연들은 자신이 맞추어야 할 조각들이 주어지는 셈이다.

지금의 시대는 자신의 결정이 매우 중요한 시대이다. 스스로 결정하고 스스로 책임지며 스스로 감내해야 하는 시대를 맞이하고 있다. 자신의 삶을 누군가가 대신 살아주는 것도 아니고, 부모의 꼭두각시로 사는 시대도 아니다. 그래서 옛날과는 다르게 자신이 선택한 결정에는 자신이 책임을 져야만 하는 책임의식이 따르기 마련이다. 스스로 선택하고 선택한 결과에 대해서는 스스로 받아들여야만 한다. 여자든, 남자든, 인생의 향방이 바뀌는 계기는 바로 배우자 인연을 만나면서부터이다. 배우자와 한 길로 합을 맞추어 걸어가면 상생의 흐름으로 흘러가겠지만, 합이 맞지 않아 다른 길로 벌어지기 시작하면 다시 돌릴 수 없는 길을 걸어가게 되고, 결국엔 헤어짐의 시간이 다가온다.

이혼이 죄였던 시절이 있었지만, 지금은 이혼이 죄가 아닌 시절이다. 지금의 시대는 카르마의 고리가 옅어지고 가벼워지면서 쉽게 만나고 쉽게 헤어질 수 있는 시대이다.

운의 향방이 갈라질 때는 인연이 들어온다. 인연을 만나면서 인생의 황금기를 만나기도 하고, 인생의 좌절기를 만나기도 한다. 즉 인연에 의해 자신의 운의 향방이 결정되는 것이다. 상승하느냐? 하락하느냐?

사건 사고도 인연을 통해 들어오고, 운의 흥하고 망함도 인연을 타고 들어온다. 지금 당장은 좋아 보이는 환경일지라도 얼마 지나지 않아 망하는 흐름으로 갈 수도 있고, 지금은 별 볼 일 없지만 나중에 성공하는 사람도 있다. 또한 만날 때는 무척 잘 해주는데 결혼하고 나니 달라지는 사람도 있고, 썩 마음에 안 들었는데 살아보면 살아볼수록 진국인 사람도 있다. 지금 당장 모습에 현혹될 필요는 없다. 사람은 오래 겪어봐야 알 수 있다.

학생 때는 비슷한 환경에서 출발했지만 어떤 남편을 만나느냐에 따라 운명은 확연하게 달라져 버린다. 반대로 남자도 어떤 여자를 만나느냐에 따라서 운의 진폭이 달라진다. 즉 사람은 인연을 통해 성장하기도 하고 수렁으로 빠지기도 한다. 그래서 인연이 중요한 것이다. 인연을 만났다는 것은 운의 변화기에 들었다는 징조이다.

인연에 의한 감금(감금시키는 인연)

우리는 살면서 인생에 영향을 끼치는 인연을 몇몇 만난다. 막다른 골목에 다다라서 신을 간절히 찾았을 때, 신은 우리에게 인연을 보내준다. 물론 이때 테스트도 함께 들어온다. 나를 수렁에서 건져주는 인연도 있고, 반대로 더 깊은 수렁으로 빠뜨리는 인연도 있다. 당신은 삶에서 어떤 중요한 인연들을 만났는가? 한번쯤 되짚어볼 필요가 있다.

우리 인간사가 인연과 인연이 만나서 사건, 사고가 벌어지기 때문에 인연을 분석하는 것은 매우 중요한 지표이기도 하다. 내가 어떤 시기에는 어떤 부류의 사람들을 만났는지 돌이켜보면, 자신의 의식 상태에 따라 그에 걸맞은 인연이 오차 없이 들어왔음을 알게 될 것이다.

인생의 가로막힌 벽에서 나를 이끌어줄 인연을 만났다는 것은 그 당사자가 스스로 인지하고 바뀌고자 하는 의지를 내었기 때문에 실낱같은 동아줄이 내려오는 것이고, 인생의 수렁에서 마음을 고쳐먹지 않고 계속 욕심과 집착을 부린다면 나를 더욱 수렁으로 빠뜨릴 인연을 선택하게 된다.

감금과 이동 또한 인연에 의해 지배를 받는다. 어떤 인연을 만났는데 그 인연을 만나면서 감금이 시작되었다면 상대 에너지에 강하게 지배를 받으면서 묶이기 때문에 감금이 되는 것이다. 이때는 상대의 에너지가 나보다 크기 때문에 종속되는 것이다. 예를 들어 아직 공부 중인 사람 혹은 실패를 경험하고 다시 에너지를 채워야 하는 사람은 에너지가 부족하기 때문에 더 큰 에너지에 종속되어 에너지 질량을 채워야 한다. 감금은 일종의 에너지를 채우고 있는 상태를 뜻한다. 내가 성장할 때까지 보호를 받는 개념인데 한편으로는 감금처럼 보이기도 한다.

감금을 시키는 인연과 감금을 당하는 인연 모두 특정 에너지에 묶여있는 상태이다. 비슷하기 때문에 만난 것이고 함께 감금의 시간에 접어든 것이다. 감금의 시간은 에너지를 수축하는 시기로 펼치기보다는 내면을 다스리는 공부의 시간이다.

반대로 상대가 잘 뻗어 나가는 때에 그 에너지권에 합류를 하게 되면, 나 또한 상대의 큰 기운에 영향을 받아 함께 뻗어나가게 된다. 그런데 대체로 사람들이 결혼 인연을 선택할 때, 극점에서 에너지가 꺾이는 사람을 선택하는 경우가 많다. 즉 상승할 날보다 하락할 날이 더 많은 사람을 선택한다. 이런 사람들은 대체로 겉으로 보기에는 현재에 잘 나가는 사람처럼 보이기 때문이다. 주식으로 치자면 상한가 쳤을 때 구매하는 패턴이다. 이때 상대 인연을 붙잡고 성대한 결혼식을 올리고 조금 살다 보면 사업이 내리막길을 걸으면서 집안은 풍비박산 나고, 점점 하락길로 접어든다. 만약 이때를 못 견디고 뛰쳐나가서 또 다른 사람을 선택하면, 보는 눈이 거기서 거기이기 때문에 겉으로 잘 나가는 사람처럼 보이는 사람(에너지 극점을 친 사람)을 또 선택하고, 마찬가지로 비슷한 상황에 또 처하게 된다. 이것이 바로 매번 상한가 친 주식만 구매하는 패턴이다.

이렇게 인생의 그래프가 상승점에서 꺾일 때의 인연만 찾아서 들어가는 사람이 꼭 있다. 이 또한 본인의 욕심이 좌초한 결과이기도 하기 때문에, 자신에게 주어진 벌을 처절하게 받고 다시 일어날 준비를 해야 한다.

인연에 의한 감금은 자신의 문제점을 함께 찾아보라는 시그널이다. 인연을 선택할 때 자신의 욕심과 망상이 있지는 않았는지, 자신의 마음을 분석하고 살펴보아야 한다.

나의 눈이 밝으면 상대가 잘 보이고,
나의 눈이 어두우면 상대가 보이지 않는다.

지금 나의 눈이 어두울 때에는 인연에 의해 감금(보호)되어 스스로의 문제점을 살피고 자신을 돌아보는 공부를 해야 한다.

인연에 의한 이동(이동시키는 인연)

사람의 이동 또한 인연에 의해 만들어진다. 특히 외국에 나갈 때는 인연의 영향을 강하게 받는다. 역마살이 있는 사람들은 전생의 기억으로 여기저기 떠돌게 된다. 과거에는 터를 버리고 다른 곳으로 떠돌아다니는 것을 매우 안 좋게 생각했다. 조상의 터를 지켜야 한다는 관념이 크게 지배하고 있었기 때문이다.

과거에 역마살은 안 좋은 것이었다면, 지금의 역마살은 세계 곳곳을 경험할 수 있는 특전과 같은 것이 되어버렸다. 우리는 종종 여기저기 세계여행을 다녀온 사람들을 부러워한다. 새로운 곳을 탐험할 수 있는 용기와 더불어 남들이 체험하지 못한 것들을 얻을 수 있기에 더더욱 부럽게 느껴지는 것이다. 많은 지역을 몸소 체험하고 경험할 수 있는 환경이 주어졌다는 것은 자신이 받아들인 정보를 나누어줄 목적성을 내포하고 있다. 그래서 역마살이 있는 사람은 정보전달자이다. 마치 혈액을 이동시키듯, 정보를 이동시키고 전달하는 전령에 해당된다.

전령은 가벼워야 한다. 몸과 생각이 가벼워야 하고 어디에도 매이지 말아야 한다. 생각이 굳어지지도 말며, 몸이 굳어져서도 안 된다. 이들은 새로운 세상을 접하고, 새로운 문물을 접하기 때문에 언제든, 어떤 정보든, 흡수할 수 있는 스펀지와 같은 사람들이다.

역마살이 있는 사람은 커다란 힘에 의해 움직여지는데, 때로는 신

(神)의 움직임에 몸을 실어 움직이기도 한다. 역마살이 있는 사람과 인연이 되면 그 역마살로 같이 여기저기 돌아다닐 것이나 감금이 있는 사람은 함께 감금될 것이다. 물론 조직의 상하관계이면 이만큼 좋은 포지션은 없지만 부부나 연인의 관계라면 상황은 달라진다(회사에서 부하직원이 역마살이면 정보를 물어오고, 윗사람은 정보를 통합하면 된다).

여기에서 만약 역마살 있는 사람과 감금인 사람이 만난다면 어떻게 될까(연인 혹은 부부)? 처음엔 기운 큰 사람 쪽으로 끌려간다. 즉 기운 큰 사람이 역마살이 강하면 여기저기 돌아다닐 터이고, 기운 큰 사람이 감금이면 함께 감금된다.

역마살이 있는 사람은 정보를 물어오는 사람이고, 감금이 있는 사람은 정보를 통합하는 사람이다. 이 둘은 조직의 상하관계로 만나야 좋다. 그러나 연인관계에서 한 명은 역마가 있고 한 명이 감금이라면 동등한 입장에서 이 관계를 지속시키기란 어렵다.
반대로 서로 함께 헤쳐나가려는 의지가 있다면, 기운이 큰 감금인 사람을 역마살이 있는 사람이 조금씩 바깥세상으로 끌어 내주게 된다.
인연과 인연이 만나는 것은 서로 함께 길을 걸어가는 것이다. 길을 갈 때는 서로의 것을 조금씩 양보해야만 함께 길을 걸어갈 수 있다.

인연을 선택할 때에는 명분을 바르게 잡고 선택하는 것이 중요하다. 특히 배우자를 선택할 때, 자기 삶의 방향과 상대 삶의 방향을 살펴봐야 한다. 목적지가 다르면 언젠가는 각자의 길을 가려 하기 때문이다.

인연을 선택할 때는 상대의 근기를 살펴봐야 한다. 이 사람이 무너져도 다시 일어설 수 있는 집념과 의지가 있는지, 끝까지 함께 갈 수 있는 이념과 목표가 있는지를 살펴야 한다.

사람의 운명은 오르막과 내리막 곡선을 치기 때문에 지금 잘 나간다고 계속 잘 나가리란 보장 없고, 지금 못 나간다고 계속 못 나간다는 보장 없다. 서로 상생할 수 있는 그 무엇이 존재하는지를 살펴서 서로 도우면서 길을 걷는 것이다. 대부분 사람들은 상대 덕을 보려고만 하지, 상대에게 내가 무슨 도움을 줄 수 있을까를 망각하는 경우가 많다.

인연과 인연이 만나는 것은 운명과 운명이 만나는 것이다. 운명과 운명이 어떤 시너지를 낼지는 두 사람의 노력 여하에 달려있다. 내 운명으로 안 되는 것을 상대 운명의 도움을 받아 잘 넘길 수 있기 때문이다.

인연에 의한 운의 발복(상승과 하락)

인연을 만나면서 운이 상승하기도 하고, 운이 하락하기도 한다. 어떤 인연의 도움으로 위기를 극복할 수도 있고, 어떤 인연과 엮여 함께 나락으로 떨어지기도 한다. 인연의 만남은 운과 함께 들어온다. 내 인생의 운이 꽃이 피는 때를 만나니 운이 발복한 것이다.

운(運)이 발복(發福)한다는 것은 무슨 뜻일까? 운이 발복한다는 것은 그동안 자신이 쌓아온 재능과 능력이 오랜 담금질을 통해 비로소 꽃을 피우는 시기가 왔다는 것을 뜻한다.

그렇다면 언제 운이 발복할까? 운이 발복하는 것은 사람마다 그 시기가 다 다르다. 어떤 사람은 타고난 재능이나 능력 또는 잘 빚어진 외모로 일찍부터 운이 발복하는 사람도 있고, 어떤 사람은 오랜 시간 담금질 속에서 서서히 운이 피는 사람도 있다. 사람의 기질과 성격에 따라 운이 발복하는 시기는 다 다르다.

매사에 적극적이고 스스로 뽐내길 좋아하는 사람은 일찍 운이 발복하는 반면에, 수줍음이 많고 신중한 사람은 나이가 들면서 서서히 발복한다. 즉 각자 자신의 기운과 성격에 따라 운이 발복하는 시기가 다 달라진다.

어릴 적 운이 발복하는 경우, 부모의 공덕이 7할을 차지한다. 부모로부터 받은 총명함, 외모, 재능 등이 어려서부터 빛을 발하는 경우이고, 부모의 공덕이 부족한 사람은 스스로 노력해서 꽃을 피워야 하기 때문에 오랜 시간이 걸린다.

그렇다면 현재 운이 발복했는지 안 했는지는 어떻게 알까? 각종 방송매체 등을 통해 자신의 재능이나 얼굴이 드러나면, 일단 운이 발복한 것으로 간주한다. 방송을 탔다는 것은 자신의 재능을 뽐내거나 자신의 생각을 드러낼 기회가 주어졌다는 것이다. 즉 꽃이 필 수 있는 발판이 마련되었다는 뜻이고, 이때 자신에게 찾아온 기회를 어떻게 잡느냐가 관건이다. 많은 사람들에게 자신을 드러내 보이는 시기가 다가왔다는 것이다. 꽃이 잘 피었는지, 어떤 향기가 나는지, 어떤 영향력을 미치는지, 그동안 쌓아온 재능의 결과를 많은 사람들 앞에서 드러내 보이고, 또 많은 사람들에게 판단을 받을 수 있는 무대 위에 오르는 것이다.

지금 시대는 방송을 타서 인기를 타면 사람이 모이고 돈이 들어오는 구조이다. 인기와 광을 얻으면 돈이 따라 들어오기 때문에 발복한다는 것은 재물도 함께 들어온다는 것을 뜻한다.

방송계에 몸담은 PD나 감독 혹은 제작자들은 사람을 물색한다. 꽃이 아름답게 필 가능성이 있는 사람, 혹은 꽃이 막 피기 시작하는 사람을 기가 막히게 찾아낸다. 어떤 끼나 재능이 보일 때, 인기를 탈 수 있다고 판단될 때, 돈이 된다고 판단될 때 그 사람을 캐스팅한다. 물론 다 알고 하는 것은 아니지만, 뚜껑을 열었는데 인기를 확 타는 사람도 있다. 그것은 그 사람의 운이 크게 발복할 때와 맞아떨어졌기 때문이다. 특히 신기(神氣)가 있는 사람들은 이들 눈에 들기가 쉽다. 신기가 있는 사람은 신이 가끔씩 발동하기 때문에 이들 눈에 들기 쉬운 것이다.

만약 운이 발복할 때가 안 된 사람이 어찌어찌해서 TV에 나올 기회가 생겼다면 어떻게 될까? 나왔는지도 잘 모르고 그냥 묻히고 만다. 즉 사람을 끌 매력이 발현되지 않았다는 것이다.

반면에 운이 발복한 사람은 인기와 광을 함께 얻는다. 예를 들어, 현재 잘 나가는 배우들은 좋은 작품을 만나서 운이 크게 발복한 케이스이다. 이때 작품을 쓴 작가, 감독, 배우 모두 함께 운이 발복하기 때문에 인연의 힘이 어떻게 조합되었는지도 매우 중요하다. 즉 신의 힘이 어떻게 발현되는지를 살펴볼 필요가 있다.

운이 발복한다는 것은 신이 움직이기 시작했다는 것이다. 신이 움직이면 사람과 돈이 따라 들어온다. 그래서 발복했다는 것은 신의 움직임이 시작되었다는 신호이기도 하다.

신이 움직이기 시작하면 이와 연결된 다른 신들의 움직임도 촉발하게 된다. 신들의 움직임이 촉발되면 인간계에서는 인연의 이동이 시작된다. 그래서 운이 발복할 때는 나를 이끌어줄 인연이 들어오게 되는 원리이다. 운이 발복할 때는 운이 발복하는 사람끼리 함께 모이기 시작한다. 하나의 중심 되는 신이 움직이기 시작하면 이와 연결된 신들을 깨우기 시작하며, 그렇게 전체 인연의 판이 함께 움직이기 시작한다. 물론 인연과 인연을 연결시키고 인연의 판에서는 빠지는 사람도 있다. 이런 사람은 운이 발복할 때가 아니라서 그 무리의 인연의 판에서는 빠지게 되는 것이다.

방송계는 운의 발복과 운의 하락을 금방금방 볼 수 있는 곳이다. 예를 들어, 어떤 연예인에게 대본을 주었더니 그 연예인이 거절하고 다른 배우가 그 역을 맡았는데 그 드라마가 대박이 난 경우, 과연 처음 대본을 받았던 연예인이 그 역을 맡았다면 어떻게 될까? 그 연예인이 운이 발복할 시기가 되지 않았다면 그 배역을 거절할 것이며, 설령 그 드라마의 역할을 맡았다 하더라도 그 드라마는 뜨지 못한다.

운이 하락할 때는 분별력이 떨어지기 때문에 판단력이 잘 서지 않고 또 욕심을 부리다가 둘 다 놓치는 경우도 많다. 그래서 운이 발복한 연예인과 운이 발복한 작가 및 PD줄에 서려고 하는 사람들이 많다. 즉 큰 운에 묻혀 가면 어느 정도 큰 빛의 광(光)을 함께 받을 수 있을 것이라고 예측 가능하기 때문이다.

기운이 작은 사람은 기운이 큰 사람이 발복할 때 함께 묻혀 가면 된다. 그래서 성공한 주연 옆에 성공한 조연이 있는 것이고, 드라마가 크게 한 번 뜨면 조연들도 따라서 성공한다.

방송매체라는 것은 많은 사람들이 볼 수 있는 무대이다. 이 무대에 올라간다는 것은 나를 알리는 시간이 도래했다는 것이고, 이때 나의 재능과 능력을 어떻게 펼치느냐에 따라 인기와 광(光) 그리고 돈이 함께 따라 들어오는 것이다. 그래서 요즘 초등학생들의 꿈이 너도나도 연예인인 이유이다. 연예인이 된다는 것은 부(富)의 길로 가는 관문이기 때문이다.

운이 발복할 때는 귀인이 들어오고,
운이 하락할 때는 악연이 들어온다.
귀인은 나의 길을 열어주는 사람이고,
악연은 나의 길을 가로막는 사람이다.

사실 귀인과 악연이 따로 있는 것이 아니다. 귀인의 역할은 네가 잘 가고 있음을 나타내주는 파란 신호등이고, 악연의 역할은 잠시 멈추어 너를 다시 점검하라는 빨간 신호등이다.

닮아가는 인연

가끔 길을 걷다 보면 똑같은 기운을 가진 무리의 사람들이 걸어갈 때가 있다. 한 사무실의 같은 공간 안에서, 같은 일을 하고, 같은 생각을 공유하며, 같은 하루 일과를 보내다 보면 서로 다르게 생긴 사람도 서로서로 비슷하게 닮아가게 된다. 한 무리의 회사원들, 한 무리의 학원생들이 무리 지어 지나가는 모습은 누가 봐도 한 그룹임이 분명하게 드러나고, 같은 에너지 속에 있음을 알 수가 있다. 특히 IT 개발자들과 고등학교 학원생들은 비슷한 에너지장을 형성하고 있다. 한 가지만 생각하는 사람들은 고도의 집중력으로 생각이 분산되지 않기 때문에 더욱 비슷한 에너지장을 형성하는 것이다.

다른 얼굴에 다른 외형을 가지고 있어도, 한 그룹에서 오랫동안 같이 일하고, 생각을 공유하고, 비슷한 일을 하다 보면 서로 닮아가게 된다. 그래서 혈육이 아닌 부부가 닮아가는 것이다. 그러나 한 부부가 서로 다른 생각, 서로 다른 환경에 오래 노출이 되면 서로 다른 얼굴이 명확히 드러난다. 부부가 함께 밥을 먹고 있어도 생각은 각자 딴곳에 가 있는 경우가 대부분이다. 요즘은 부부보다 오랜 시간 같이 일하는 직장동료들끼리 더 닮아있다. 물론 똑같은 기운의 닮은 부부들도 많다. 동료끼리는 서로 말이 통해 회사를 마치고도 함께 술을 마시며 이야기를 나누는 데 반해, 집에 들어가면 아내와는 각자 다른 생각속에서 몸만 동거하는 부부들이 많다. 서로 생각을 공유할 것이 없기 때문에 이야깃거리가 없어지는 것이고 또 재미가 없어지는 것이다.

생각이 분리되면 기운이 분리되고, 기운이 분리되면 몸이 점점 떨어지게 된다. 생각이 비슷하면 같이 있고 싶고, 이야기를 나누고 싶고, 함께 무언가를 하고 싶지만, 생각이 다르면 점차 가는 길이 달라질 수밖에 없다.

기차가 평행선을 달리다가도 목적지가 다르면 각자의 방향대로 분리되게 마련이듯, 사람도 서로의 생각과 사상이 다르면 점점 분리되어 가는 것은 당연한 이치이다. 부모와 자식 사이에도 생각이 다르고 사상이 다르면 분리된다.

혈육을 잇는 시대가 점점 지나고 있고, 이제는 혈육이 아니라 정신과 사상을 잇는 시대가 되어가고 있다. 혈육이라도 생각이 다르면 다른 길을 걷게 되어있다. 그러나 혈육이 아니더라도 생각이 같으면 가족보다도 더 긴밀한 관계가 형성된다.

지금은 점점 혈육의 개념이 해체되고 있고, 비슷한 생각, 비슷한 사상을 가진 사람들끼리 뭉치는 새로운 가족 형태가 만들어지고 있다. 혈육의 자식이 가문의 대를 잇는 시대가 아니라, 정신의 사상을 잇는 사람이 후계자가 되는 세상으로 변모하고 있다. 자신이 쌓아 올린 가문의 유산을 물려줄 때, 생각이 다른 자식에게 물려주면 다 날리게 되어있다. 가문의 유산을 피가 섞인 혈통에게 물려주는 시대는 끝이 났다.

생각과 사상이 비슷하면 서로 닮아간다. 서로의 생각을 이해하기 때문에 서로 닮아가려 하는 것이고 서로 이야기가 통하는 것이다. 서로 같은 방향을 바라보며, 같은 목적지를 향해서 달려갈 때, 어느 날 문득 상대의 모습 속에 내 모습이 담겨 있음을 보게 될 것이다. 그렇게 우리는 서로가 서로를 복제하며 성장해나간다.

인연은 우리의 운명을 좌우한다

인연은 운명을 좌우한다. 인연이 내미는 손을 잡을 것인가? 말 것인가?는 본인의 선택에 달려있다. 물론 그 인연을 선택하게끔 환경이 몰고 가겠지만 선택하는 것은 본인의 몫이다. 인연이 내미는 손을 잡는 순간 새로운 운명이 펼쳐지는 것이다. 어떤 사람의 손을 잡느냐에 따라서 그 사람의 운명이 달라진다고 생각한다면 우리는 인연을 함부로 맺어서도 안 될 뿐 아니라, 인연 맺는 것을 신중하게 생각해야 한다. 단순히 호기심이나 욕심으로 인연을 맺으면 그에 따른 뒷감당도 내 몫으로 남는다. 나에게 다가온 인연이 나를 살리는 인연인가? 나를 죽이는 인연인가를 잘 판단해야 한다.

인연과 인연이 만나는 것은 새로운 길을 개척하는 것과 같다. 어떤 사람은 힘든 위기에서 귀인을 만나 어려움을 극복하고, 어떤 사람은 잘 나갈 때, 인연을 잘못 만나 하락의 길로 접어든다. 물론 자신의 에너지 상태에 따라 그에 맞는 인연이 들어온다.

인연을 알아보는 것은 본인의 안목에 따라 인연을 알아보는 것이다. 무언가에 강하게 씌었다면 그 씌인 에너지에 합당한 인연을 만날 것이다. 그래서 파국으로 떨어질 때는 파국으로 이끌 인연이 들어오는 것이다.

하늘이 하는 일 중, 가장 중요한 일 중 하나가 바로 '인연의 세팅'이다. 힘든 순간에 하늘은 항상 인연을 보내준다. 나를 살려 줄 하늘의 배려이기도 하다. 그러나 한 끗 욕심 때문에 그러한 인연을 못 알아보고 자신의 고집대로 흘러간다. 인연을 보내주어 운명의 틀어진 부분을 조정할 수 있는 시간을 주는데도 불구하고 대부분 카르마 관성대로 선택하고 흘러간다.

인연을 보내주는 것은 하늘이 하지만 인연의 손을 잡는 것은 철저히 인간의 선택에 달려있다. 손을 잡을 것인가? 말 것인가? 현재 자신을 묶고 있는 환경을 탈출하려면 인연의 도움을 얻어야 비로소 탈출할 수 있다. 그래서 인연이 중요한 것이다.

인연을 찾을 때

뜻을 함께할 사람을 찾아라!

옛날 일본의 사무라이들은 자신이 모실 성주를 찾아다녔다. 자신의 주군이 될 주인이 과연 어떤 사람인지, 그 사람이 어떤 생각으로 마을을 다스리고 있는지, 여러 가지 정황과 상황을 살핀 후, 그 사람을 모셔야만 한다는 당위성과 믿음이 생겼을 때, 그때 그 성주에게 자신의 몸을 바쳤다.

사무라이라는 임무 자체가 죽을 것을 각오하고 자신의 몸을 바쳐 일해야 하기 때문에 그 주군과의 강한 믿음이 밑바탕에 깔려야만 자신의 몸을 바칠 수 있는 것이다. 비록 성주가 가진 물질은 없을지라도 따를만한 덕을 가지고 있거나, 혹은 자신의 목숨을 살려준 은인의 품에 들어가기도 하였다. 진정한 사무라이라면, 자신의 뜻과 이념에 맞는 성주를 찾아다녔을 테고, 배가 고픈 이는 자신의 배를 채워줄 주인을 찾아다녔을 것이다. 사람은 자신의 부족한 부분을 채워줄 누군가를 찾아간다.

자신의 뜻과 성주의 뜻이 같다면 함께 미래를 할 수 있는 목적이 생기고, 그 무리는 비슷한 생각을 공유하게 된다. 즉 비슷한 사람끼리 모인다는 뜻이다. 그래서 욕심 많은 장수 밑에 욕심 많은 부하가 따르고, 덕 있는 장수 밑에 덕 있는 부하가 따르는 것이다.

　내가 어떤 것을 지향하느냐에 따라서 나의 갈 곳이 정해진다. 돈을 따르느냐, 가치를 따르느냐, 즉 무엇에 기준을 두고 있느냐에 따라서 자신이 갈 곳이 정해진다. 그래서 자신이 속한 단체를 보면 그 사람이 추구하는 것이 무엇인지 분명하게 알 수가 있다.

　지금 시대의 젊은이들도 자신들이 모실 주군을 찾는다. 20~30대는 사회에 나와서 사회를 배워야 하기 때문에 자신이 가진 재능을 잘 살려주고, 이끌어줄 수 있는 주군을 찾아야 할 것이다.

　회사의 면접관만이 당신을 면접하는 것이 아니라, 당신도 그 회사를 면접하고 있다는 것을 명심하라! 면접을 당하는 것이 아니라 서로 뜻과 길이 맞는지 잣대를 맞추어보는 것이 바로 면접이다.

　회사에 들어갈 때, 그 회사 오너의 마인드가 어떠한지, 어떤 가치를 지향하는지, 여러 가지를 따져서 회사를 선택해야 한다. 단지 연봉을 많이 준다고, 이름이 알려진 회사라고 선택할 것이 아니라, 그 회사를 이끄는 CEO의 마인드를 잘 살펴보아야 한다. 작은 회사라 할지라도 자신의 재능을 밝히고 이끌어줄 수 있는 주군이라면 자신의 젊음을 바쳐도 좋을 것이다.

지금의 시대는 돈에 의해 움직이는 세상이 되어서 연봉을 많이 주는 회사를 찾아가고, 돈 되는 일만 찾는다. 이것은 소탐대실하는 것이다.

좀 더 크게 인생을 본다면, 지금 당장은 힘들지라도 자신의 재능과 젊음을 바칠 만한 주군을 찾아가는 것이 더 바람직하다. 자신이 닮고 싶은 사람, 자신이 따를만한 사람을 찾아라!

주군을 알아보는 것도, 부하를 알아보는 것도 모두 그 뜻과 뜻을 맞춰보는 것이다. 진정한 주군을 만나는 것은 자신의 복이다. 주군을 알아보고, 주군을 위해 자신의 재능과 젊음을 바칠 수 있다면 이것 또한 큰 복이기도 하다. 그 뜻과 뜻이 일치한다면 그 단체는 반드시 흥하게 마련이다. 당장의 힘든 상황은 서로가 의지하면서 풀어나가면 된다.

자신의 가치에 따라 자신의 주군이 정해지는 것이다. 주군의 선택을 받는 것이 아니라 내가 주군을 찾는 것이다. 자신의 가치와 뜻을 이뤄줄 수 있는 주군을 찾아라!

가까운 곳에서 찾아라!

사람들은 자신에게 필요한 것을 먼 곳에서 찾으려는 경향이 있다. 가까운 곳은 잘 보이지 않고, 도리어 먼 곳에 있을 줄 알고 찾아다니기도 한다. 그러나 사실 자세히 살펴보면, 내가 원하는 것들은 가까운 곳, 바로 내 주위에 있는 경우가 많다. 좋은 인연을 만나길 바라면서 먼 곳을 바라보는 사람들이 꽤 많은데, 정작 가까운 인연은 소홀히 하는 경향이 있다. 왜일까? 그것은 만족이나 기대치가 높기 때문이다. 현재 자신의 수준은 생각하지 못하고 기대치가 높은 인연을 찾기 때문에 가까운 곳이 안 보이는 것이다.

　인연에는 '단계'라는 것이 있다. 이 정도의 인연을 통과해야만 그다
음 단계의 인연을 만날 수 있다. 현재 자기 주변에 포진되어있는 인연
은 뒤로한 채 더 나은 인연을 찾아 헤매고 있다. 이때는 상대 인연의
급수를 따질 것이 아니라 현재 자신의 상태부터 살펴봐야 한다.
　자신의 상태가 안 보이면 주변의 귀인도 안 보이는 법이다. 사람마다
현재의 시간에 주어진 인연이 있다. 지금 순간에 주어진 인연은 그 나
름대로 의미가 있기 때문에 현재의 시간을 공유하고 있는 것이다.

　어떤 인연에게는 도움을 받을 수 있고, 또 어떤 인연에게는 도움을
줄 수도 있다. 즉 에너지를 받을 인연과 에너지를 내어줄 인연이 함께
세팅되어있다. 물론 이 두 가지를 동시에 포함하고 있는 사람도 있다.
내가 도와줄 부분이 몇 프로가 있고, 내가 받을 부분이 몇 프로가 존
재하여, 서로 도움을 주고받을 수 있게 세팅이 되어있는 사람이다. 이
런 경우 서로 균형적인 관계성을 만들어가는 것이 필요하다.

　친구로 들어오는 경우는 서로 부족한 부분을 만들어서 엮어진다. 그
러나 한쪽은 내려주고 한쪽은 받기만 한다면 상하관계가 형성되는 것
이다. 내가 친구를 사귈 것인지, 아니면 선생을 찾을 것인지를 먼저 살
펴봐야 한다. 친구를 사귈 것이라면 상대가 조금 모자란다 하더라도
내가 채워주면서 관계성을 맺으면 되고, 선생을 찾는 것이라면 내가
내려받을 생각을 하면서 만나야 한다.

따라서 인연을 찾을 때, 자신이 무엇을 원하는지 분명하게 알 필요가 있다. 내가 부족한 것이 있어서 그 부족한 부분을 메꾸기 위함이라면 나보다 높은 사람을 만나서 갑을관계로 묶일 각오를 하고 만나야 한다.

친구를 사귈 때는 서로 주고받을 것이 있는가를 따져봐야 한다. 맹목적으로 받기만 한다면 이미 친구 관계는 아니다. 상대도 부족한 것이 있고 나도 부족한 것이 있어서 서로 윈윈 할 수 있는 관계라면 친구 관계가 형성되지만, 한쪽은 부족한 것이 없고 한쪽은 받기만 한다면 이때는 친구라 할 수 없다.

사람이 인연을 찾아갈 때는 부족한 것을 채우려고 만나는 것이다. 부족한 부분을 메꾸기 위해 나보다 나은 사람을 찾아가 배우는 것이다. 내게 필요한 것은 사실 가까운 곳에 포진해 있는데, 현재 자신의 상태가 어두워서 잘 보이지 않는다. 필요한 것을 멀리서 찾지 말고 가까운 곳에서 찾아라! 가까운 곳에 반드시 해답이 있다. 파랑새는 먼 곳에 있는 것이 아니라 바로 당신 주위에 있다.

사람을 사귈 때

학교에 다니든, 어떤 단체에 들어가든, 사람이 모이는 곳에서 사람을 알아가며 사람을 사귀기도 하고, 누군가는 애써서 사람을 찾아다니며 사귀기도 한다. 어떤 이는 자연스럽게 친해지기도 하고, 어떤 이는 목적성 때문에 만나서 친해지기도 한다. 친해지는 과정은 사람마다

다 다르다. 어떤 만남이 좋은 것이라고 단정 지을 수는 없다. 만남의 과정보다 중요한 것은 만남 이후이기 때문이다.

처음 몇 번의 만남을 가질 때 이 사람과 내가 함께 가야 할 사람인가를 타진해 보아야 한다. 상대가 가고자 하는 길과 자신이 가고자 하는 길이 같다면 만남은 계속 이어지겠지만, 인생의 가는 방향이 다르다면 언젠가는 헤어지기 마련이다. 서로 같은 길을 걸어가면서 때로는 기대기도 하고, 때로는 도움을 받기도 주기도 하며 함께 걸어가는 사람을 우리는 동반자라 한다. 그래서 사람들은 자신의 생각과 뜻이 맞는 사람을 사귀려 한다.

한창 배울 나이에는 주어지는 사람과 잘 사귀어야 한다. 이때는 이 친구 저 친구 만나보면서 자신과 맞는 사람을 찾아가는 것이다. 그러나 시간이 흐르고 분별력이 생기면 나이에 맞게 사람 보는 안목 또한 길러야 한다. 안목은 다양한 사람들을 만나보면서 생기는 연륜이기도 하다. 안목이 생기면 내가 만나야 할 사람, 만나지 말아야 할 사람이 정해진다.

사람과 사람이 만나는 것은 서로 나눌 것이 있기 때문에 만나는 것이다. 내가 부족한 부분을 상대를 통해서 얻고, 상대가 부족한 부분을 내가 채워주는, 서로 도와야만 하는 관계이다.

사람과 사람이 만나는 것은 쉬운 듯 보이지만 참 어려운 일이기도 하다. 사람을 만날 때, '저 사람을 알아보고 싶다', 혹은 '사귀어 보고 싶다'라고 느껴지는 사람이 있을 것이다. 이것은 호기심에 의해 사람을 사귀는 것이다. 이런 사람은 상대의 정보를 모두 흡수하고 나면 또 다른 사람을 찾아 들어가는 사람이다.

　외로워서 사람을 사귀는 사람도 있다. 외로워서 사람을 사귀는 사람은 대체로 자신의 기운이 현저히 떨어져 있을 때이다. 이런 상태에서 사람을 만나면 더 파국으로 빠지기도 한다. 외로움 때문에 주변의 사람을 잘 알아보지도 않고, 깊이 들어가 나중에 빠져나올 수 없는 상황에 이르기도 한다. 나중에 나올 때는 원망 아닌 원망을 들어야 할 수도 있다. 그래서 기운이 떨어져서 바닥일 때는 함부로 사람을 사귀는 것이 아니다.

　내가 에너지를 채워서 기운이 좋아지면 사람은 자연스럽게 따르게 마련이다. 처음 겉모습만 보고 사람 좋아 보인다고 들어갔다가 나중에 안 좋은 모습을 보았다고 돌아서는 것도 그다지 좋은 판단은 아니다. 처음부터 사람을 사귀려면 신중하게 판단해야만 하고, 사귀기로 마음을 먹었다면 그 사람의 단점까지도 이해하고 받아들일 수 있어야 한다.

　세상에 어찌 좋은 점만 있는 사람을 만나서 사귀겠는가? 조금씩 못난 부분이 있기 때문에 그 부분을 채워줄 누군가를 만나는 것이다. 상대가 완벽하길 바라는 것은 당신의 욕심이다. 사람을 사귀기로 마음을 먹었다면, 그 사람의 부족한 점을 탓하지 말고 그 부족한 부분을 어떻게 메꾸어 줄 것인가를 생각하라!

　남의 친구, 남의 애인 부러워하지 말고, 지금 내 앞에, 내 곁에 있는 사람에게 최선을 다하라! 그것이 복을 짓는 길이다.

관찰하라!

인간계도 동물계도 관찰은 필수이다. 어쩌면 관찰은 본능에 가까운 것이기도 하다. 관찰이라는 것은 내가 무언가를 다 알지 못할 때 나오는 본능적 행위이기도 하다. 따라서 우리는 어떤 조직, 어떤 단체에 들어가면 제일 먼저 하는 것이 관찰이다. 이 단체는 어떤 색깔을 띠고 있는지, 어떤 생각을 하는지, 나와 생각이 맞는지 등등 여러 가지를 맞춰보게 된다. 이것이 관찰의 첫걸음이다. 관찰이란 사람과 사람을 이해하고, 사람과 사람의 에너지가 어떻게 통합되고 운영되는지를 보는 것이다. 이런 관찰은 상대를 아는 가장 큰 힘이 된다.

단체나 조직에는 그들만의 특성이 있고 색깔이 있다. 또한 그들이 쓰는 언어가 있다. 각 나라의 언어가 다르듯 조직의 언어도 다 다르다. 각각의 조직에서 쓰는 언어가 다르기 때문에 어떤 조직이든 처음 들어가면 그 조직의 언어를 배워야 한다. 조직에서 통용되는 언어 중에는 줄임말도 많고, 오랜 시간 일을 하면서 만들어진 조직용어들도 있다. 이런 것들은 직접 부딪치면서 관찰하고, 이해하고 받아들이면서 배워야 한다.

만약 새로운 조직에 들어가려고 준비하는 사람이 있다면, 먼저 들어가서 조직의 언어를 익혀라! 이때 관찰만큼 좋은 것은 없다.

아무리 높은 학력에 뛰어난 머리를 가졌다 하더라도 회전하는 조직의 회전체에 오르려면 관찰이 필수이다. 조직의 생리를 알지 못하고 덤벼드는 순간 다치거나 튕겨져 나오기 십상이다. 따라서 관찰은 3개월이 필수이고, 3년이면 조직의 전체적 흐름을 알 수 있는 시간이다.

조직에 처음 들어가서 내 능력이 아무리 뛰어나다 하더라도 내가 잘 났다고 잘난 체를 하는 순간 왕따 당하기 쉽다. 일단 배우려는 자세를 장착해야 상대의 도움을 받을 수 있다. 도움은 저절로 찾아오는 것이 아니라 내가 도움을 받으려는 자세가 되어있어야 한다. 우리나라 사람 들은 특히 가르치려는 속성이 강하기 때문에 자신의 에너지권에 들어 온 사람은 잘 이끌어주려 한다.

조직에 들어간다는 것은 회전하는 목마에 올라타는 것이다. 운동 속도와 운동 방식, 그리고 운영하는 주체에 대한 연구는 필수조건이 다. 조직을 회전시키는 운영 시스템이 어떻게 돌아가고 있는지 관찰하 는 것이 곧 공부이다.

사회의 조직 혹은 시스템이란, 돈을 굴러가게 만드는 회전목마와 같 다. 끊임없이 돈을 굴리면서 창조와 발전이 따라오는 구조이다. 이런 시스템적 구조 때문에 돈을 위해 창조가 따라가는 경향이 있다. 돈이 이동하면서 사회가 굴러가고 있기 때문에 돈이라는 에너지가 이 시스 템을 지탱하는 힘이 된다. 현재의 조직시스템은 돈이 굴러가는 시스템 이기에 창조행위가 돈을 따라가지만, 앞으로의 세상은 창조행위를 위 해 돈이 따라오는 구조여야 할 것이다.

조직에 소속된 사람들, 예를 들어 직장인은 회전목마에 올라탄 조 직원이 된다. 회전목마에 올라타는 순간 전체가 보이지 않고 부분을 보게 된다. 내가 숲 안으로 들어왔기 때문에 내 앞에 있는 것만 보일 뿐 전체 숲의 모습은 잘 보이지 않는다. 숲 전체의 모습 혹은 조직 전체모습을 보려면 맨 위로 올라가던가 아니면 조직 밖을 나와야 한다. 조직 안에서 일에 점점 가속도가 붙어가면 일에 강하게 몰입이 되고, 일에 치이다 보면 전체는 안 보이고 시스템을 구동시키는 개미가 되어 버린다.

우리는 매 순간 관찰을 멈추지 말아야 한다. 무언가를 온전히 다 알 때까지 관찰의 공부는 이어진다. 조직에 매여 있다고 하더라도 전체를 관(觀)하는 습관과 새로운 정보를 받아들이려는 스펀지 같은 생각은 멈추지 말아야 한다.

관(觀)과 견(見)은 다른 것이라는 미야모토 무사시[1]의 말이 생각난다. 견(見)은 그냥 있는 그대로 보는 것이고, 관(觀)은 통찰하는 힘이다. 어떤 사물을 대할 때, 그냥 보지 말고 통찰하라는 뜻이다. 일할 때도 쫓겨 가듯이 일을 하지 말고, 스스로 끌고 나가라!

도움을 받을 때

사람과 사람은 서로 부족한 부분을 메꾸어주면서 성장한다. 혼자서 완벽한 사람은 없다. 이미 높은 자리에서 완벽해 보이는 사람일지라도, 그 사람 또한 누군가의 도움을 받으면서 그 자리에 올라간 것이다. 인간은 서로 유무형의 도움을 주고 도움을 받으면서 성장하는 존재들이다. 때론 먼저 잘 나가는 사람도 있고, 뒤에 따라서 성장하는 사람

---

1 일본의 전설적인 검객 미야모토 무사시(1584~1645). 1643년에 쓴 『오륜서(五輪書)』가 있다.

도 있다.

제각각 꽃피는 시기가 다를 뿐, 먼저 잘 나가는 사람은 뒤에 올 사람에게 도움의 손길을 내어주고 뒤따라가는 사람은 앞사람의 손을 잡고 따라 올라간다. 혼자 달려가는 것처럼 보여도, 우리 모두는 결승점에 같이 골인하기 때문에 때론 기다려주고, 때론 잡아주고, 때론 함께 달려간다.

지금 현재 물질적, 정신적 에너지가 바닥인 사람이 있다면, 왜 이러한 상황에 처했는가를 먼저 살펴보아야 한다. 이제껏 자신이 살아온 삶의 방법이 잘못되었기 때문에 다시 재조정을 하라는 시그널이기도 하다. 이러한 상황에 대한 분석이 끝나고 처절한 반성을 했다면 이제는 정신을 차리고 새로운 길을 모색해야만 한다. 기존의 관성 대신 새로운 길을 찾으려면 새로운 받아들임이 필요하다. 어떤 정보를 받아들일 때, 기존의 관념을 가지고 새로운 정보를 밀어내지 말고, 작은 소리 하나라도 귀 기울여 성장의 발판으로 삼아야 한다.

인생이 바닥이라는 것은 내 생각을 얘기할 때가 아니라 남 생각을 수용하고 받아들일 때이다. 내 생각대로 살다가 바닥이 된 것이기 때문에 나보다 위에 있는 사람 말을 들어야 한다. 이때는 외부로부터 유무형의 도움을 받아야 한다. 먼저 물질적 빈곤에 처해있는 사람, 특히 돈이 바닥인 사람은 누군가의 도움을 받아야 할 때이다. 물질적 도움이든 정신적 도움이든, 도움을 받아야 에너지가 채워진다.

고집과 자존심이 센 사람일수록 도움받기가 힘들다. 자존심이 세서

남에게 아쉬운 소리를 하지 못하기 때문에 물질적 도움은 더더욱 힘들다. 이때는 정신적 도움이라도 받아야 한다. 도움을 받고자 할 때는 고집과 자존심을 내려놓고 기존 자신의 생각과 관념도 내려놓아야 한다. 그래야 상대 정보가 흡수된다. 고집과 자존심은 스스로를 고립시키고 사람을 외롭게 만든다.

기운이 센 사람, 한때 잘 나갔던 사람이 바닥에 떨어지면 그만큼 비참한 것도 없다. 바닥에 떨어졌다는 것은 자존심도 고집도 모두 내려놓고 도움의 손길을 받아야 한다. 내가 에너지를 채워 스스로 일어설 때까지는 사람의 도움을 받아라!

도움을 받을 때 고집과 자존심이 센 사람은 그에 상응하는 대가를 지불하고 도움을 받으면 된다. 최소한의 지조를 지키면서 상대의 도움을 이끌어낼 수 있다면 그것만큼 좋은 것도 없다.

도움은 그냥 받는 것이 아니라 사람 마음을 움직여 이끌어내는 것이다. 도움의 에너지란, 상대가 가진 유무형의 에너지를 나에게로 이동시키는 것이다. 세상에 공짜가 없듯, 에너지도 공짜가 없다. 에너지는 보낸 만큼 되돌아오고, 받은 만큼 되돌려줘야 하는 것이 자연의 법칙이다. 무조건적인 호의는 그에 상응하는 대가를 치러야 하듯, 도움이라는 것도 하나의 에너지를 주고받는 행위 중 하나이다. 만약 내 에너지가 바닥을 치고 가진 게 아무것도 없다면 몸이라도 써야 한다. 바닥에 있을수록 몸을 써야 하고, 위로 올라갈수록 머리를 써야 한다.

인간은 서로 도움을 주고받으면서 살아가야 하는 존재이다. 물질적 도움받는 것을 창피하게 생각할 것이 아니라, 내가 가진 무형의 에너지와 상대가 가진 유형의 에너지를 교환하는 것이라 생각하라!

우리나라 사람들은 특히 정신적 도움은 당연히 여기면서 물질적 도움받는 것을 자존심 상해한다. 정신적인 에너지이든, 물질적인 에너지이든, 에너지는 서로 교환되는 것이고 서로 주고받으면서 성장한다.

상대의 도움을 이끌어내고자 한다면 '상대에게 필요한 것이 무엇일까?'를 항상 생각하라! 내가 몸을 쓰든, 머리를 쓰든, 상대에게 도울 거리를 찾아서 조심스럽게 들어가라! 너의 도움을 받은 상대는 분명 당신에게 무엇이라도 내어놓게 되어있다. 가진 게 없을수록 내가 받으려는 생각보다 상대에게 내가 무엇을 줄 수 있을까를 생각하라!

상대에게 필요한 무언가를 찾아주면, 그때 비로소 너에게 무언가의 보답이 돌아온다. 즉 도움이란, 자신이 내보낸 에너지만큼 되돌아오는 법이다. 공짜로 무언가를 얻으려 하지 말고, 내가 상대를 위해서 무엇을 할 수 있을까를 항상 생각하라! 이것이 도움받는 지름길이다.

인연을 연결하는 사람들

인연과 인연을 연결하는 사람 '브로커'

사람들은 저마다 재능과 능력을 지니고 있다. 어떤 사람은 공부를 잘하고, 어떤 사람은 언어를 잘 익히며, 어떤 사람은 예술적 재능을 지니고 있다. 사람마다 타고난 재능과 능력이 다 다르다. 이러한 재능 중에서 브로커 기질을 타고 난 사람이 있다. 이 또한 하나의 재주이자 능력이다.

원래 브로커라는 이름은 안 좋은 뜻으로 쓰였었다. 19세기 미국 금융자본이 변화를 맞이하면서 뉴욕의 월스트리트는 투기꾼들이 모여들었고, 이들을 브로커(Broker)라고 불렀다. 언어의 어원을 찾아보니, 프랑스어 'brocour'에서 파생되어, 포도주 통에 구멍을 내어 포도주를 병이나 잔으로 파는 상인을 뜻한다. 이후 재화를 직접 생산하지 않고 중개만 하는 상인을 일컫는 말이 브로커가 되었다. 이 브로커들은 거래를 알선하고 커미션(commission)을 받는 사람들이다. 즉 브로커는 모든 중개사에 해당된다. 부동산 중개업도 브로커의 일 중 하나이고, 무기 브로커, 기관 브로커, 결혼 중매자 등 거래를 알선하고 커미션을 받거나 혹은 사람과 사람을 연결해주는 일을 하는 사람을 우리는 브로커라고 한다. 크게는 나라와 나라, 기업과 기업, 사람과 사람을 연결해주는데, 기운에 따라서 상중하로 나뉜다. 나라와 나라를 연결시키는 브로커는 기운이 상(上)인 사람에 해당된다(나라와 나라를 연결시킬 때는 언어적 소통능력도 우수해야만 한다). 작게는 사람과 사람을 연결시키는 마담도 이 브로커에 해당된다.

　브로커란, 중간다리 촉매 역할을 하는 사람들이다. 이 기운의 에너지와 저 기운 에너지를 붙이고 떼어 내는 역할을 가지고 있기 때문에 기운과 에너지에 민감할 수밖에 없다.
　브로커를 하려면 상대 기운을 잘 파악해야 한다. 기운이 센 사람, 혹은 사람을 많이 거느리고 있는 덩치가 큰 인물들은 자존심이 세기 때문에 상대를 만날 때, 서로의 자존심을 지켜주면서 다리역할을 해줄 브로커가 필요하다. 기운과 기운이 팽팽할 때는 완화해줄 누군가를 필요로 한다. 이러한 에너지 기운을 파고드는 직업이 바로 브로커이다.
　브로커들은 대체적으로 매너가 좋고, 인물이 준수하며, 수려한 달변가이다. 상대로 하여금 적의를 품지 않게 상대를 잘 맞추는 장점을 지니고 있다. 그리고 큰 기운의 에너지막도 잘 파고 들어가는 힘을 지니고 있다. 힘과 힘 사이로 들어가 전혀 연결될 것 같지 않은 두 힘을 연결시키는 힘을 가지고 있다. 힘과 힘의 자존심을 건들지 않으면서, 서로 간 이득을 보게끔 거래를 성사시킨다. 양쪽 모두를 만족시킬 수 있는 환경을 만들어낸다면 그들의 역할을 충분히 수행해 낸 것이다.
　특히 브로커의 일을 하는 사람이라면, 신의와 신용이 있어야 하는

데, 이 신용과 신의가 없으면 자칫 사기꾼으로 빠지기 쉽다. 그래서 만약 브로커의 적성을 타고났다면, 신의와 신용이라는 덕목을 지녀야만 자신의 길을 온전히 걸어갈 수 있다.

인연과 인연을 연결하는 사람 '중매자'

나는 사람의 직업에는 귀천이 없되, 사람에는 귀천이 있다고 생각한다. 그 사람이 무슨 일을 하든, 자신에게 맡겨진 일에 자부심을 갖는 사람을 좋아한다. 사람들이 일반관념으로 생각하는 아주 비천한 일을 한다 해도 마음가짐에 따라 그 사람이 귀하게도 천하게도 보이기 때문이다. 사람들이 우러러보는 직업을 가지고도 천한 행동을 하면 천한 사람이 되는 것이고, 어떤 직업을 가졌든 바른 마음가짐을 가지고 바르게 행동하면 귀하게 보이는 법이다.

세상에 천한 직업 따로 없고, 귀한 직업 따로 없다. 직업의 귀하고 천함은 시대가 만든 관념일 뿐, 우리는 각자 타고난 역할을 하고 있을 뿐이다. 그 역할을 제대로 하느냐 못하느냐가 귀천을 만들어낼 뿐이다. 자신이 하고 있는 일에 대한 자부심을 갖는 사람은 그 직업조차도 멋있게 만들어버릴 수 있다.

인연과 인연을 연결하는 사람 중에 중매자가 있다. 브로커가 기업과 기업을 연결시키는 일이라면, 중매자는 가문과 가문을 연결시키는 사람이다. 남녀의 집안과 집안을 보고 잘 어울리는 집안을 연결하는 사람들이다. 각 집안의 급수를 파악하여 서로 도움을 주고받을 수 있는 집안을 연결시키는 것이 이들의 역할인데, 이들에게 '마담뚜[2]'라는 별명을 붙이곤 하였다. 그러나 오늘날에는 결혼중매알선 기업들이 생겨나고, 회원가입을 하여 서로 비슷한 수준의 사람들을 연결시킨다.

  가문과 가문의 인연을 연결시키는 사람을 중매자라고 한다면, 집을 팔려는 사람과 사려는 사람을 연결시켜주는 사람을 부동산중개자라고 한다. 이렇게 요즘은 중매자, 중개자가 중간에서 인연과 인연을 엮어주는 역할을 하고 있다.

  중매자 또는 중개자는 인연과 인연을 전문적으로 연결하는 사람이기 때문에 인연에 대한 공부를 해야 하는 사람이다. 상대에게 부족한 것이 무엇이고, 또 이 부족한 부분을 채워줄 수 있는 인연이 어떤 사람인지 찾아내어 연결해 줄 수 있어야 한다. 그러기 위해서는 특히 사람 보는 법을 배워야 한다. 사람 보는 법이 바로 도를 닦는 과정이다.

  도는 꼭 산에서 닦아야만 하는 것이 아니고, 어디서, 무엇을 하든, 자신이 하고 있는 분야에서 얼마든지 닦을 수 있다. 자신에게 주어진 역할 속에서 깨달음의 보석을 발견하느냐 못하느냐는 한 끗 차이이다. 도는 자신이 앉은 자리에서 깨치는 것이다.

  세상의 이치를 관찰하려면 사람을 관찰해야 하고,
  사람을 관찰하면 사람의 마음을 알 수 있다.

---

2 프랑스어의 '마담'과 뚜쟁이의 '뚜'를 합해서 부르는 말로, 상류층이나 특권층을 중매하는 사람을 뜻한다.

인연을 세팅하는 사람들

연예인을 만드는 사람들

인간은 괴롭고 힘들 때 신(神)을 찾는다. 인간이 잘 나갈 때는 신을 찾지 않는다. 왜냐하면 신이 이미 임해있기 때문이다. 힘들고 외로울 때 찾는 존재, 그 존재가 바로 우리에게 신이 된다. 신이란 나에게 유무형의 에너지를 내려주는 존재이며, 나의 마음을 움직이게 만드는 사람이 신이다. 인간은 자신에게 에너지를 내려주는 사람을 닮아가게 되어있다. 왜냐하면 상대를 보면서 상대를 복제하기 때문이다.

신의 목소리를 접하는 방법은 다양하다. 누군가는 노래 속에서 위로를 받고, 누군가는 책 속에서 답을 찾으며, 누군가는 사람을 통해 메시지를 받는다. 결국 신은 인간을 통해 현현할 수밖에 없다. 신은 외부에 보이지 않는 곳에 존재하는 것이 아니라 인간 의식을 통해서 나타난다. 그것이 신의 말씀이라면 그것은 내 마음에 꽂히게 되어있다.

신은 인간의 마음을 타고 전해온다.
신은 당신 주변의 사람을 타고 들어온다.

부모 말을 안 듣는 청소년이 자신이 우상시하는 연예인의 말이라면 무슨 말이든 믿고 따른다. 이때 이 청소년에게 신은 부모가 아니라 연예인이 되는 것이다. 즉 누구의 말을 따르느냐에 따라 신이 결정된다.

인간은 자신이 믿고 따르는 혹은 좋아하는 사람의 말은 잘 듣는다. 그리고 그러한 사람을 닮고 싶어한다. 그래서 지금 시대에는 연예인의 역할이 매우 중요하다. 이들은 시대의식을 이끌어가는 신이기 때문이다.

지금의 엔터테인먼트 회사들은 여신, 남신을 창조하는 제조회사이다. 노래를 만들고, 춤을 만들고, 옷을 만들고, 하나의 통합된 신 아바타를 창조하는 곳이 바로 엔터테인먼트다. 하나의 그룹에게 이름을 부여하고, 색깔과 컨셉을 부여하며, 옷을 입히고, 음악과 춤을 입힌다. 즉 신을 창조하고 에너지를 만들어 생명력을 부여하는 곳이 바로 엔터테인먼트다. 그래서 요즘 아이들의 장래희망이 하나같이 연예인인 이유이다. 연예인들의 위치가 매우 중요해졌다는 뜻이기도 하다.

한번 인기를 얻으면 부와 명예가 동시에 따라오고, 많은 팬들이 자신을 지지하는 힘이 되어주기 때문에 이들이 하는 한마디, 한마디 말은 그 힘이 막강하다.

지금은 연예 무당의 시대이다. 연예사업은 신기(神氣)로 움직이는 사업이다. 여신 남신을 창조하기 때문에 신에너지가 실려야 하는 분야가 바로 연예 엔터테인먼트다.

연예인을 발탁하는 사람들은 순간 신에너지가 실린다. 이런 사람들은 감(感)이 발달되어 있는 사람들이다. 이런 감으로 먹고사는 직종이 있는데, 바로 감독, PD, 제작자 등이다. 이들이 바로 연예인이라는 신을 만드는 사람들이다. 가상의 이야기 속에 가상 인물을 만들고 그 안에 에너지를 불어넣는다. 신이 아담과 이브를 만들었듯이 인간은 연예인을 창조한다. 그리고 이야기 속 주인공들을 연결시킨다. 그래서 이들은 인연을 세팅하는 사람들이 된다.

신과 신의 대면, 면접

인연을 세팅하는 사람들 중에 인사과의 면접관이 있다. 면접관은 자기 조직의 사람을 선별해서 뽑는 사람들이다. 즉 이들 또한 인연을 연결하고 세팅하는 사람들에 해당된다. 이 사람이 우리 조직에 어울리는 사람인가? 이 사람이 우리 업무에 어울리는 사람인가? 등등을 보게 된다. 그래서 누군가를 선택하는 순간, 한 사람의 운명을 좌지우지하는 신이 되는 것이다. 면접이란, 신과 신이 대면하는 순간이다.

면접을 볼 때도, 소개팅을 할 때도, 순간의 첫인상이 모든 것을 좌우힌다. 사람은 사람을 처음 만났을 때 특유의 감으로 자신과 맞는 사람인가? 안 맞는 사람인가? 극도의 감을 세워 상대를 순식간에 스캔하듯 훑는다. 즉 서로가 서로를 면접하는 순간이다.

면접은 한쪽이 하는 것이 아니라 양방향이다. 면접을 하는 사람도, 받는 사람도, 서로를 살피는 중이다. 첫인상으로 상대를 허용할 것인가? 허용하지 말 것인가? 가 순식간에 판가름난다. 이때 판단하는 것은 절대적 판단이 아니라 상대적 판단이다.

어떤 사람은 이 사람을 좋게 보는 사람이 있는가 하면, 어떤 사람은 이 사람을 안 좋게 보기도 하기 때문에 자신의 성향과 합이 맞는지 안 맞는지를 판단하는 것이다.

그룹이라면 그룹과 맞는 사람인지 안 맞는 사람인지도 판별한다. 이 때 개성이 강하거나 튀는 사람의 경우, 조직이나 그룹에서 배제되기 쉽다. 조직이나 그룹은 전체의 화합을 중요하게 여기기 때문에 튀거나 똘끼가 있는 사람은 일단 거르고 본다. 면접을 볼 때는 성실하게 생긴 타입이 유리하다.

사람과 사람이 만날 때, 첫 만남에서 좋은 느낌을 받았다면 다음의 만남은 술술 이루어진다. 그러나 첫 만남에서 좋은 느낌을 받지 못했다면 두 번째 만남은 조금 힘들게 성사된다. 왜냐하면 첫 만남에서 문을 확실히 안 열어줬기 때문에 두 번째에 다시 노크해야 하는 입장인 것이다.

첫 번째는 외모와 첫인상이 만남을 좌우했다면, 두 번째는 성격과 매력이 만남을 좌우한다. 만약 두 번째 만남이 이루어졌고, 두 번째 만남에서 상대를 사로잡지 못하면 세 번째 만남은 더 이상 이뤄지지 않는다. 즉 첫 번째 만남에서 50%가 결정되고 두 번째 만남에서 '인연을 틀 것인가? 안 틀 것인가?'가 결정되는 것이다.

만약 첫 번째 만남에서 좋은 인상을 남겼다 하더라도 두 번째 만남에서 좋은 모습을 보여주지 못하면 세 번째도 조금 힘들다. 첫 번째보다 두 번째에 좋은 인상을 보여준 사람은 상대가 급호감을 느끼는 반면에 (어! 이 사람 알고 보니 괜찮네 라는 반응이 나온다) 첫 번째는 좋았지만 두 번째에 안 좋았던 사람은 갑자기 호감이 떨어져 버린다. (알고 보니 별로야! 라는 반응이 나온다) 그래서 두 번째 만남에서 모든 것이 결정되는 것이다.

· 사회초년생이 갖추어야 하는 것

만약 사회에 처음 발을 딛는 초년생이 있다면 처음 3개월간은 이일 저일 가리지 말고 배운다는 자세로 정말 열심히 배우다 보면 점점 주변의 상황이 파악되면서 익숙한 에너지장으로 들어갈 수 있다. 그래서 인턴 3개월이라고 하는 것이다. 물론 새로운 에너지장에 들어가면 모든 것이 낯설기 때문에 과도한 집중을 해야 하고 에너지 소모가 많지만, 눈에 익히고 감각으로 인지하고 나면 에너지 소비가 줄어든다. 즉 어느 정도 정보를 받아들여 익숙해지는 시간이 바로 3개월이다.

직원을 뽑을 때 사람마다 보는 기준은 다르겠지만 대체적으로 면접관이 첫 번째로 보는 것은 성실성이다. 전문직을 제외하고 학벌이나 스펙이 좋다 하더라도, 학교에서 아무리 1등을 했다 하더라도, 직장생활을 잘하는 사람은 따로 있다. 얼마나 업무파악을 잘하고 커뮤니케이션을 잘하느냐가 직장생활의 관건이다.

직장은 사람과 사람이 만나 일을 하는 것이고, 혼자의 일보다는 여럿이 그룹의 프로젝트를 맡는 경우가 많기 때문에 서로 간 커뮤니케이션은 직장생활에 있어서 매우 중요하다. 나 혼자만 잘한다고 되는 것이 아니고, 함께 공동의 일을 얼마나 잘 수행하느냐가 중요하다. 그러려면 업무파악을 할 수 있는 이해력과 소통능력이 필요한데 어느 정도 눈치만 있어도 반은 먹고 들어간다. 두 번째로 보는 것이 건강이다. 건강한 몸에 건강한 정신이 스미고 건강해야 일을 열심히 잘할 수 있기 때문이다.

스펙이 좋고 똑똑하고 언변력이 좋은 사람은 자신의 능력이 뛰어나기 때문에 한 회사에 오래 머무르려 하지 않는다. 그래서 조금은 능력이 떨어져도 성실하고 신의가 있으며 무엇이든 꾸준히 하는 사람이 대체적으로 조직의 사원으로 뽑히는 경우가 많다.

사회초년생들이 갖추어야 할 것은 배우려는 자세와 성실성이다. 여기에 수용력과 이해력이 좋다면 금상첨화다. 어떤 업무냐에 따라서 뽑아야 하는 유형은 다 다르다. 영업은 조금 뺀질거려도 말을 설득력 있게 잘하고 사교력과 친화력이 있으면 좋다. 연구개발은 성실하고 신중하며 파고드는 집중력이 있어야 한다. 또한 마케팅은 분석능력과 기획력이 좋아야 하며, 홍보는 세련된 감각과 아이디어가 필요하다.

만약 본인의 성향이 과묵하고 소심한 성격이라면 움직임이 빠른 영업은 맞지 않으며, 빠릿빠릿하고 사교성이 좋은 사람이 연구개발에 있으면 오래 버티지 못한다. 각자 자신이 타고난 성향과 재능에 따라 자신이 가야 할 곳이 따로 있는 법이다.

면접은 불현듯 찾아온다. 누군가를 만나서 이야기하고 대화하는 것은 일종의 면접을 보는 것과 같다. 상대와 인연을 맺을 것인가? 맺지 않을 것인가? 서로 생각을 맞추어보는 가운데 우리는 면접을 보고 있다.

직장생활을 하는 중에도, 선배든 상사든 아래 부하직원을 보면서 매 순간 면접을 하고 있다. 간혹 선배나 상사가 좋은 곳으로 이직할 때, 자신의 마음에 드는 직원을 이끌고 가는 경우도 있고, 자신을 마음에 들어 하던 어떤 사람이 불현듯 전화하여 일을 해보겠냐고 제안하기도 한다. 즉 인연과 인연이 만나는 것 자체가 면접이고, 이 면접 속에서 나를 이끌어줄 사람이 나타나는 것이다. 반면에 어떤 사람은 복을 스스로 차버리는 사람도 있다. 매 순간이 면접이라는 생각으로 항상 자신을 준비하고 있어라! 인연을 만나는 것 자체가 면접이다.

인연을 연결하는 장소

공간을 내어주는 사람

인연과 인연이 만나려면 특정 공간이 필요하다. 사람들은 레스토랑, 카페 등에서 사람을 만나 서로 이야기하며 정보를 교환한다. 서로 간 원활한 정보를 교환하려면 그만큼 좋은 대화를 이끌어낼 수 있는 환경 또한 중요하다. 이러한 환경을 만들어주는 사람들이 있다. 이러한 장소로는 음식을 파는 레스토랑이 있고, 차를 파는 카페도 있으며, 술을 파는 술집이나 바도 있다.

인연과 인연이 만나는 데 있어서 공간은 매우 중요하다. 물론 마음만 통한다면 공간이 대수는 아니겠지만 그래도 공간이라는 곳이 만남에 있어서 중요한 역할을 할 수밖에 없다.

이렇게 인연과 인연을 연결할 공간을 내어주는 사람 중에 셰프가 있다. 요즘 시대에 가장 뜬 직업을 고르라면 바로 셰프일 것이다. 그중에서 셰프를 살펴보면, 과거에는 셰프를 '주방장'이라 불렀지만, 외국음식문화를 들여온 주방장을 지금은 좀 더 세련된 이름을 붙여 '셰프'라고 부른다. 지금은 사람들이 카페 혹은 레스토랑에서 정보를 교환해야 하기 때문에 음식을 만드는 셰프들의 전성시대가 도래하였다. 그만큼 사람들은 분위기 좋은 카페에서 정성스럽고 맛있는 음식을 먹으면서 정보를 교환하고 싶어한다.

현대사회에서 커피와 와인은 정보와 정보를 연결하는 주요 매개체가 되었다. 커피는 카페에서, 와인은 레스토랑에서, 사람과 사람, 정보와 정보를 연결시킨다. 공간의 마스터들은 사람들 마음을 캐치해야 한다. 그래서 사모님 마음은 셰프가 알아주고, 사장님 마음은 마담이 알아준다. 셰프가 만든 달달하고 정성스런 음식이 기분이 예민하고 꿀꿀하던 사모님의 마음을 달래줄 수 있고, 마담이 건넨 따뜻한 말 한마디가 스트레스받던 사장님의 가려운 곳을 긁어줄 수 있다. 셰프는 맛으로 손님을 기분 좋게 해주고, 마담은 말로 손님의 마음을 어루만진다. 즉 서로 음양으로 위로를 받는다.

마담들은 대체로 반무당인 경우가 많다. 즉 신기가 있어야 한다는 말이다. 상대의 마음을 간파하여 조언을 해줄 수 있어야 진정한 마담의 역할을 할 수 있기 때문이다. 사람을 많이 상대하는 사람들은 사실 반도인(道人)이 되어야 한다. 사람을 상대하다 보면, 상대의 패턴이 보이게 되고, 그 패턴을 읽고 이해하면, 한마디라도 조언을 해 줄 수 있기 때문이다. 또한 이러한 사람들은 사람들의 탁기를 받아내는 역할도 하게 된다.

각자 자신이 가지고 있는 직업에 자부심을 가지길 바란다. 남의 직업을 탐내지 말고, 자신의 직업을 얼마나 빛낼 것인가를 연구해야 한다. 자부심을 가진다는 것은 그 일에서 빛을 발휘한다는 뜻이다. 그리고 자신에게 맞는, 재미있는 직업을 찾아가라! 재미가 있어야 자부심도 생기는 법이다.

레스토랑과 품격

식당이란 장소는 에너지를 풀어내는 곳이다. 물질 에너지를 섭취하기 위해 밥만 먹는 곳이 아닌, 기운 에너지를 먹는 곳이기도 하며, 탁한 기운은 풀어내고 좋은 에너지는 받아가는 곳이 바로 식당이다. 이런 식당의 역할을 알고 음식점이나 카페를 찾아가면 또 다른 깨달음을 얻을 수 있다.

식당은 사람이 들어오고 나가고, 음식이 들어오고 나가고, 말이 오가는 곳이기에 에너지가 빠르게 순환된다. 대체로 여자들은 카페에서, 남자들은 술집에서, 각양각색으로 에너지를 풀어낸다. 멋진 공간에서, 통하는 사람과, 질 좋은 재료에 정성스런 음식을 먹으면 기분이 좋아진다. 이것은 비단 음식의 에너지만이 아니라 공간의 에너지와 사람의 에너지를 함께 흡수하였기 때문이다.

음식에 담긴 요리사의 기운, 레스토랑에 담긴 공간의 기운, 그 레스토랑 종업원의 기운, 그리고 내 앞에 있는 상대의 기운, 이런 모든 기운을 흡수하고 받아들이면서, 다른 한편으로는 말을 쏟아내면서 탁기를 배출한다.

식당의 품격이 올라가면 올라갈수록, 음식가격과 퀄리티가 올라갈 뿐만 아니라, 손님의 품격도 덩달아 요구된다. 이런 식당일수록 예민함과 섬세함이 요구되며, 식당만의 질서가 잘 잡혀있다. 질서가 잘 잡혀진 식당에서는 함부로 행동할 수 없게 사람을 제어하기도 한다. 사람으로 하여금 품위를 지키게 만들고, 매너를 지키게 만드는 고품격의 레스토랑도 있다. 다이닝 레스토랑에서 이러한 품격이 요구된다. 특히 파인다이닝의 경우, 레스토랑 자체에 강한 질서가 잡혀있기 때문에 그 질서에 따라서 품위와 매너를 배울 수 있다.

사람마다 차이는 있겠지만 어떤 사람은 이러한 품격이 느껴지는 다이닝을 선호하는 사람도 있고, 세미 품격의 편안한 분위기의 비스트로를 선호하는 사람도 있으며, 왁자지껄 캐주얼한 레스토랑을 좋아하는 사람도 있다.

각각의 식당에는 저마다 질서가 있고, 암묵적 드레스 코드가 있는 곳도 있다. 다이닝 레스토랑일수록 오감의 감각을 끌어올리려 하고, 섬세한 맛과 품격있는 서비스가 주어진다. 이러한 곳은 사람으로 하여금 절제, 매너, 예절, 품위를 올려주는 역할을 한다.

- 어떤 음식점, 레스토랑, 카페를 선호하는가?
- 그곳에서 무엇을 얻고 무엇을 배우려 하는가?
- 내 돈 만큼의 가치를 부여하는가?
- 또 오고 싶은 마음이 드는 식당인가?
- 그렇다면 왜 맘에 드는가?

단순히 친구와 잡담하고 맛있는 것을 먹기 위한 목적으로 식당을 찾는 사람과 그 안에서 어떤 에너지를 흡수하고 어떤 정보를 먹었으며, 어떤 느낌을 받았고, 또 어떤 배움을 얻었는지 매 순간 깨닫고 배우려는 사람과는 질적으로 상당한 차이가 나게 된다.

식당이라는 곳은 사람과 사람이 만나는 장소이자 면접을 치르는 장소이기도 하다. 상대의 행동과 습관을 여과 없이 보여주기 때문이다. 단순히 먹는 곳이 아닌, 사람과 사람이 만나고 또 많은 사람들이 모이는 장소이기 때문에 나의 말과 행동이 상대의 눈에 거슬리지는 않는지 스스로 돌아볼 필요가 있다.

만남의 공간에 관하여

누군가의 공간에 들어간다는 것은 그 사람의 에너지를 받으러 들어가는 것이다. 우리가 식당에 들어가는 것은 에너지를 섭취하러 들어가는 것이다. 그런데 요즘 우리는 밥만 먹는 것이 아니라 보이지 않는 무형의 에너지도 먹는다. 그래서 식사는 매우 중요한 행위 중 하나가 된다.

식사하면서 정보라는 에너지도 먹고, 서로와 서로를 맞춰보고 있는 중이다. 사람과 사람이 서로 맞추듯, 사람과 공간도 서로 맞추어야 편하다. 내가 먹는 식사자리에서 즐겁고 기쁘고 충만하면 그걸로 우리는 에너지를 흡수한 것이다. 사람을 만날 때도 내가 그 사람을 통해서 무언가를 배울 수 있는 사람을 만나는 것이 좋고, 공간에 들어갈 때도 그 공간 속에서 충만한 에너지를 받을 수 있는 곳을 찾아가는 것이 바람직하다.

우리는 끊임없이 사람과 사람을 맞춰보고, 사람과 공간을 맞춰본다. 레스토랑이라는 공간은 사람과 사람이 만나는 장소이자 사람과 공간의 조우이기도 하다. 그래서 자신만의 기분 좋은 충만함의 에너지를 받을 수 있는 레스토랑 하나쯤은 알아두면 좋다.

상대의 공간에 들어가면 상대의 질서를 따르라! 레스토랑마다 각각 나름대로의 질서와 규율이 있다. 이 질서와 규율이라는 것은 오너 또는 셰프의 특색이자 성향이기도 하다. 물론 여기에서 공간에 질서를 부여하는 사람은 공간을 가진 오너의 몫이다. 오너의 이념에 따라 방향이 결정되기 때문이다.

수많은 식당이 새로 생기고 사라진다. 어떤 사람은 단순히 돈을 벌기 위해 식당을 하고, 어떤 사람은 사람을 만나기 위해 식당을 하기도 하며, 어떤 사람은 음식 만드는 게 좋아서 식당을 하기도 한다. 저마다 목적과 뜻이 다르게 자신의 일들을 접하고 있다. 어떤 일을 함에 있어서 그 마음가짐이 돈에 목적을 두느냐, 일에 목적을 두느냐, 사람에 목적을 두느냐에 따라서 흥망성쇠는 갈라진다. 이제는 내가 힘을 실어줄 때, 누구에게 힘을 실어줄 것인가를 결정해야 한다. 돈을 내고 식당에 가서 밥을 먹는 것도 내가 그 식당에 힘을 실어주고 있는 중이다.

공간의 지배자

사람과 사람이 만나는 장소를 내어주는 사람, 그리고 그 장소를 지배하는 사람이 있다. 서비스업이라는 업종에 종사하는 사람이 스스로의 직업이 손님을 응대하는 정도로만 생각한다면 딱 그만큼의 대우를 받게 되어있다.

스스로 존귀하다고 생각하지 않으면 상대도 존귀하다고 생각하지 않는다. 서비스업을 하면서 자신 스스로 공간을 지배하고 있다는 생각으로 일하면 이때부터 상황은 달라진다. 공간에 질서를 부여하고 내 공간으로 들어오는 사람들을 관리하는 자가 바로 서비스업 종사자이다.

서비스업에 종사한다는 것은 일종의 도를 닦기에 가장 좋은 직업이다. 사람들의 관념으로 도를 닦는다고 하면, 산에 들어가거나, 종교에 귀의하는 것을 많이 생각하는데, 현실의 벽에 부딪칠 때 튕겨져서 나가는 곳이 바로 산과 종교이다. 이곳은 잠시 나의 생각을 정리하는 곳이다. 도는 내가 있는 자리, 바로 그곳에서 닦는 것이다. 공부를 하는 학생이든, 아르바이트를 하든, 서비스업을 하든, 장사를 하든, 그 속에서 나를 발견하는 것이다. 즉 나의 모순점과 단점 등을 발견하고 그것을 고쳐나가면서 성장하는 것이다.

가끔씩 레스토랑이나 식당에 가면 일하는 종업원들의 표정을 보기도 하는데, 교육이 잘 되어있는 호텔이나 고급레스토랑은 직원들의 얼굴에 일에 대한 자부심이 들어있는 데 반해, 그 반대의 경우는 직원들 표정이 조금 안쓰럽다는 느낌이 들었다. 그냥 그 상황이나 일에 끌려가는 느낌이랄까? 자기가 무슨 일을 하고 있는지도 모른다. 물론 거기에 온 손님들도 자기가 무슨 행동과 말을 하는지도 모른다. 자기가 눈살 찌푸리는 행동을 하고 있다는 것을 인지하지 못하는 사람도 많다.

　'손님을 지배하느냐? 손님에게 지배당하느냐?'는 의식이 깨어 상대를 파악하고 있느냐, 못하느냐로 나뉜다. 사람들은 대체로 일에 몰두하여 상대의 마음을 읽지 않는다. 상대의 마음을 읽는 사람과 읽지 못하는 사람 간에는 천지 차이의 효과가 나타난다. 즉 상대의 마음을 읽는 사람은 그 상황을 지배하고, 상대의 마음을 읽지 못하는 사람은 그 상황에 지배당한다.

　현재 장사나 서비스업에 종사하는 사람은 돈을 벌기보다는 지금 내가 도를 닦고 있구나라는 생각으로 접근하면 많은 도움이 될 것이다. 즉 상대 마음을 파악하는 도(道)!

　상대의 마음을 파악하려면 상대의 움직임, 표정, 제스처, 말 등을 유심히 관찰해야 하고, 이어 그들이 무엇을 원하는지 말하기 전에 이미 파악하고 있어야 한다.

　지배인은 눈치의 고수들이다. 지배인이 그냥 지배인이 아니다. 그 공간을 지배한다고 하여 지배인이라 하고, 이런 지배인은 전체를 관(觀)하는 사람이다. 도가 튼 사람은 손님의 마음까지도 읽고 그다음 행동까지도 예측한다. 내가 상대를 파악하고 있다는 것은 곧 내가 상황을 지배하고 있다는 뜻이기도 하다. 한 끗 마음먹기에 따라 내가 주인이 되기도, 내가 하인이 되기도 한다.

　자신이 하고 있는 일이 하찮다고 여기지 마라! 그 자리에서 그 일을 하고 있다는 것은 그 안에서 배울 것이 있기 때문에 그 시간에 그 장소에 있는 것이다. 내가 하는 한마디가 상대에게 힘을 줄 수도 있고, 상대를 기쁘게 할 수도 있는 법이다.

악연과 귀인

악연의 역할

인생을 살면서 어떤 이는 나를 도와주는 인연으로 들어오기도 하고, 어떤 이는 나를 힘들게 하는 인연으로 들어오기도 한다. 이러한 인연 중 자신을 힘들게 하거나 안 좋은 관계로 묶였던 사람을 우리는 악연이라 한다. 악연은 당장에 나를 힘들게 하는 사람이지만, 시간이 흘러 돌이켜 보면 악연은 나의 모순점을 깨우치러 오는 사자(使者)이자 귀인이었다는 것을 깨닫게 될 것이다.

사실 이 세상에 악연이란 없다. 악연이란 내가 길을 바르게 가고 있지 않음을 나타내주는 사람이기 때문이다. 시간이 흘러 돌아보면 악연이란 내 안의 다른 모습이었다는 것을 깨닫게 될 것이다.

사랑과 미움이 한 세트이듯, 귀인과 악연도 한 세트이다. 이 모두는 내가 품고 있는 마음의 양극단이다. 서로 에너지를 주고받는 가운데 생기는 것들이다. 사랑이 있었기에 미움이 생기는 것이고, 연이 엮였기에 귀인과 악연도 생기는 것이다. 귀인과 악연은 주관적인 나의 마음이다. 이 사람에게 악연이 저 사람에게는 귀인이 될 수 있기 때문이다.

귀인이 내가 가는 길을 잘 가도록 이끌어주는 사람이라면, 악연은 내가 잘못된 길을 가고 있음을 알려주는 사람이다. 귀인은 나를 순항하게 만드는 순항값을 더해 준다면, 악연은 내 인생을 잠시 멈추게 만드는 저항값을 준다.

악연을 만났을 때 이 사람이 나에게 왜 찾아왔는지 그 의미를 깨달아야 한다. 이 인연에 대해 이해했을 때 비로소 과거의 에너지가 청산되고 미래로 나아갈 수 있기 때문이다. 악연 또한 내가 부른 인연이며, 나를 비춰주는 거울이다. 처음부터 악연이란 없다. 악연은 일단 연이 엮였다는 것인데 처음엔 좋은 관계로 만났다가 헤어질 때 서로 안 좋은 꼴을 보면서 헤어졌기 때문에 악연이란 타이틀이 붙는 것이다.

악연은 현재 나의 에너지 상태를 말해준다. 자신의 상태가 안 좋을 때 악연이라 부르는 인연이 들어오는 법이다. 상대방은 자신의 안 좋은 점을 거울처럼 비춰주고 있다. 그러한 악연을 다시 만나지 않으려면 자기 에너지 준위를 높여야 한다. 에너지 준위를 높이는 방법은 깨달음밖에 없다. 카르마 법칙상 회피나 도피를 하게 되면 반드시 그와 비슷한 사람을 만나던가 아니면 비슷한 상황을 다시 겪게 되므로 피한다고 해서 피할 수 있는 것이 아니다.

자신의 상태가 그 인연과 비슷하기 때문에 만나는 것이고, 그 인연을 통해 깨달을 것이 있기 때문에 만나는 것이다. 악연일수록 강력한 끌림을 느낀다. 그래서 첫눈에 반한 인연은 악연인 경우가 대부분이다.

귀인과 은인

귀인(貴人)이란 나의 앞길을 열어주는 귀한 사람을 뜻한다. 귀인은 내가 암흑의 터널을 지나 멀리 희미한 빛이 비칠 때쯤 등장한다. 암흑의 터널을 지난다는 것은 내 운이 바닥을 치고 있고, 그 안에서 무언가를 배워야 할 정련의 시간을 보내고 있다는 뜻이다. 이때는 미래가 보이질 않는다. 어디로 가야 할지 막막하고, 무엇을 해야 할지 모르는 어둠의 시간이다. 이 어둠의 시간을 지나 암흑의 터널을 힘들게 통과했을 때 멀리 귀인이 등장한다. 귀인이란 나의 미래를 열어주는 은인이다. 어떤 귀인을 만나느냐에 따라서 내 미래가 달라진다.

물론 귀인이 귀인인 줄 모르고 차 버리는 사람은 아직 준비가 덜 된 사람이다. 귀인은 준비된 자에게 찾아오는 하늘의 복과 같다. 즉 내가 쌓아놓은 질량에 맞게 인연이 당겨져 오는 것이다.

은인(恩人)이란 은혜를 갚아야 할 사람이다. 은인은 자신의 목숨을 살려주었거나, 인생의 방향을 틀어주었거나, 어려움 속에서 건져내 준 사람을 우리는 은인이라고 표현한다.

살면서 한 명의 은인은 꼭 만나게 되어있다. 그 은인이란 각자의 공덕에서 비롯된 마지막 동아줄과 같은 것이다. 내가 어떤 세계로 들어가기 위한 다리역할을 하며 도움을 준 은인은 자신과 깊고 깊은 인연의 줄을 가지고 있다. 그래서 사람들이 기를 쓰고 인연의 줄을 찾아다니려 하는 것이다.

주변에 나를 도와주는 인연이 잘 세팅이 되어있다면 그것만큼 복 있는 것도 없다. 내가 가고자 하는 길의 다리를 쑥쑥 연결해주는 사람이 때가 되어 눈앞에 나타난다면 얼마나 좋겠는가? 하지만 인생이라는 길은 험난하고 또 귀인이나 은인은 극적인 순간에 등장하는 경우가 많다. 명리학에 나오는 황은대사(皇恩大赦)의 복처럼 절체절명 위기의 순간에 내려오는 하늘의 용서와 같이 힘든 순간에 운명을 바꾸어주는 사람이 바로 귀인이자 은인이다. 자신의 인생에 길을 밝혀줄 은인이 있는가?

강한 끌림, 강한 연(聯)

인생이라는 여행길에 우리는 참 다양한 인연들을 만난다. 별들도 운행하면서 만나기도 하고 헤어지기도 한다. 때론 부딪쳐 폭파되기도 한다. 이처럼 사람의 인연도 함께 만나 길을 걷다가 헤어지고 또 다른 인연을 만나 함께 길을 가기도 한다. 그런데 우리가 정말 죽고 못 사는 '사랑'이란 이름으로 맺어진 인연은 아이러니하게도 대부분 악연으로 찾아온다.

극성이 강할수록 강한 끌림으로 들어오고, 연(聯)이 깊을수록 강한 끌림으로 다가온다. 첫눈에 반하여 사랑하게 된 연인도 시간이 흐르면서 서로가 서로의 감정을 할퀴면서 상처를 내고 난 뒤, 감정이 무덤덤해질 때쯤 이별이 찾아온다.

인연은 같은 에너지 레벨과 만나야 소통이 잘 된다. 에너지 레벨 차이가 많이 나면 언젠가는 떨어지게 되어있다. 부모, 형제, 애인, 친구 모두에게 해당된다. 에너지 레벨이라는 것이 물질적인 레벨도 있지만 영적인 레벨도 있다. 물질적이든 영적이든 서로 레벨이 어느 정도 맞아야 대화가 통할 수 있다.

비슷한 것은 비슷한 것을 끌어당긴다고 주변의 사람을 보면 그 부류의 의식수준을 알 수가 있다. 딱 그만큼의 의식수준을 가지고 서로 공유하기 때문에 소통이 되는 것이다. 의식 레벨이 맞지 않으면 소통이 되지 않는다. 요즘은 세대 간의 의식레벨이 급속도로 벌어지고 있다. 의식레벨을 맞추려면 높은 사람은 낮추고 낮은 사람은 높이려 해서 그 중간지점을 모색해야 소통이 된다.

소통이란 참 어려운 것이다. 균형의 지점을 찾아야 소통할 수 있기 때문이다. 서로가 자신에게 맞추라고 강요하기 때문에 트러블이 일어나는 것이다. 그래서 필요한 것이 배려이다. 배려란 나를 낮추어 너에게 맞춘다는 의미다. 배려는 곧 예(禮)의 기본마음가짐이다. 마음이 강하게 끌릴수록, 첫눈에 반할수록 나와 영적채무가 강하게 엮여있구나라고 알면 된다.

사랑

두 세계가 만날 때

인연과 인연이 만나는 것은 두 세계가 만나는 것이다. 여자라는 세계와 남자라는 세계가 만나 하나의 세계로 융합을 한다. 세계의 융합은 곧 도킹의 순간이다. 서로 다른 환경에서 자란 두 세계가 만나는 것은 그만큼 에너지 소모가 많다. 특히 서로 간 에너지 준위 차이가 많은 두 세계가 만날 때 더 많은 에너지가 소모된다. 비슷한 에너지 준위의 만남은 쉽게 이루어지겠지만, 에너지 준위가 극과 극을 달리는 두 세계의 만남은 융합까지 이어지지 못하고 깨지는 경우가 많다.

두 세계가 만나 융합을 이루어낼 때는 용기가 필요하다. 용기란 앞으로 나아가는 힘이며 추진력이다. 어떤 이는 용기를 내 보기도 전에 주저앉는 사람이 있는가 하면, 어떤 이는 용기를 내어 자신이 얻고자 하는 것을 얻기도 한다. 사랑에는 용기가 필요하다. 일정 부분 나를 포기해 상대의 세계를 받아들여야 하기 때문이다. 두 세계는 만나고 헤어지고를 반복하면서 경험이 쌓이고 경험은 좀 더 세련되고 완성도가 높은 세계를 만들어갈 수 있다.

변화는 인연의 도킹에 의해 이루어진다. 서로 다른 인연이 만나 변화를 이끌어내고, 서로 다른 가문이 만나 변화를 이끌어낸다. 가문이 망할 때도 인연이 들어오고, 가문이 흥할 때도 인연이 들어온다.

두 세계가 만나 융합이 되든, 충돌하든, 두 세계에 변화는 일어난다. 그만큼 인연의 도킹은 변화를 이끌어낼 수 있는, 별과 별이 만나는 가장 위대한 순간이다.

남녀의 도킹

지구에서는 남(男)이라는 양과 여(女)라는 음이 도킹한다. 음양의 도킹은 지구에서 일어나는 가장 자연스러운 도킹의 순간이다. 식물과 동물 그리고 인간도 음양이 자력적으로 끌리면서 도킹을 한다.

남과 여는 만나는 순간 눈을 마주치고, 외모와 행동을 관찰하며 탐색한다. 서로의 필요충분조건을 맞추어가면서 대화한다. 대화 중 공통의 관심사는 둘 사이를 더욱 가깝게 만든다. 대화가 깊어지고 서로의 마음이 서서히 열리기 시작한다. 마음을 연다는 것은 우주선의 문이 열리고 본격적으로 도킹의 순간에 들어가는 시간이 왔다는 것이다. 한쪽만 문을 열고 기다리면 짝사랑으로 끝나고, 열까 말까 망설이다 끝나면 썸으로 끝난다. 양쪽 문을 열어야 도킹이 시작된다.

육체적 사랑에서는 서로의 기운과 서로의 호르몬 체취 그리고 서로의 전자기적 끌림까지 이 모든 것이 맞아떨어져야 육체적 사랑이라는 단계로 발전할 수 있다. 반면에 정신적 사랑은 이념이 맞아떨어져야만 가능하다.

사랑이라는 순간은 도킹의 위대한 순간이다. 마음이 열리고 몸이 열리고 영이 열리며 서로 간 신들이 왕래할 수 있는 길을 여는 순간이다.

눈에 보이는 물리적 소통 외에 눈에 보이지 않는 전자기적 소통이 이루어지고, 서로 간 음양의 전자기적 에너지를 주고받는다. 음양의 전자기적 에너지 소통은 지구물질시스템의 기본바탕을 이루고 있다.

전자기적 속성에 따라 자기 에너지 반대편에 존재하는 상대 입자는 반드시 존재하게 되어있다. 지구에 몸을 입은 모든 사람들은 반드시 한 명씩의 자기 짝이 존재하는데, 그 짝을 언제 어떻게 만나느냐가 관건이다.

지구는 이원성의 세계이다. 음양이 나뉘어진 곳으로 만물은 여자, 남자로 만들어졌고, 모든 동물도 음양으로 창조되었으며, 낮과 밤이 있고, 낮은 태양이 지키고 밤은 달이 지킨다.

지구에 육신을 입고 내려오는 영혼은 불완전한 존재로 내려오게 되고, 이 불완전을 완전으로 바꾸기 위해 반대되는 속성을 만나 하나가 되려 한다. 즉 음양이 만나 하나의 완전체를 만드는 것은 물질의 완성을 이루는 과정이며, 우리는 이 과정을 '사랑'이라 표현한다.

인간은 혼자 살 수 없는 존재이다. 자신이 자신을 보게 만들어 두지 않았고, 나의 모습은 상대를 통해서 비추어 볼 수 있게 설계되었다. 나는 나의 눈을 볼 수 없으나 상대는 나의 눈을 볼 수 있는 것처럼, 내가 볼 수 없는 곳은 상대를 통해서 비추어 보고 견주어 보는 것이다. 그래서 사람은 서로가 서로를 비춰주는 거울이 된다.

끌림의 미학

결핍은 욕망을 부르는 힘이다. 부족하기에 메꾸려 하고, 불완전하기에 완전함을 찾는 것이다. 이것이 지구를 지배하는 힘이다. 그래서 지구 생활은 언제나 2% 부족하다. 이 부족한 부분을 메꾸려 사람을 만나는 것이다. 부족한 부분은 움직임을 촉발시킨다. 움직임이 생겼다는 것은 완전함을 위해서 운동성이 생겨났다는 뜻이다. 즉 인연과 인연이 도킹하는 것은 운동성이 일어났다는 것이다. 인연의 만남은 지구 생활의 묘미이다.

2% 부족한 인생은 뜻대로 흘러가지 않고, 삶은 자기 마음대로 움직여지지 않으며, 소통하기 위해서는 내가 가진 부분을 어느 정도 감수를 하면서 내 것을 내어놓아야 상대의 가진 것을 얻을 수 있다. 이렇게 서로의 것을 나누는 것이다. 서로의 것을 나누기 위해서는 도킹이 필요하다.

남과 여의 도킹은 전자기적 끌림으로 다가간다. 전자기적 끌림을 성적 끌림이라고도 할 수 있는데, 이 성적 끌림은 사람의 이성을 마비시키고, 감성을 자극하는 묘약과 같다.

성적 끌림은 음양의 존재 사이에 발생하는 에너지이다. 불완전함을 완전함으로 채우려는 지구적 속성이다. 결핍이 클수록 블랙홀이 커지고, 블랙홀이 커지면 주변 기운들을 계속 흡수하는데 먹어도 먹어도 배고픈 결핍의 별이 되는 것이다.

성적 끌림 즉 전자기적 끌림이 바로 지구 육체적 사랑이며, 유효기간은 정보를 모두 파악할 때까지이다. 성적 끌림의 시간이 지나고 나면 그 이후에는 그 사람과 의식적 소통이 되느냐 안 되느냐를 따지게 된다. 따라서 배우자를 만나려거든 말이 통하는 사람을 만나야 한다. 그래야 사랑의 유효기간이 지나도 친구처럼 지낼 수 있기 때문이다. 성적 끌림으로만 들어가면 유효기간이 끝난 뒤, 친구가 아니라 '원수'로 바뀌기도 한다.

불같은 사랑을 할수록 쉽게 식는다. 너무 사랑하거나 너무 미워하는 마음은 같은 에너지 준위의 다른 속성이다. 사랑하는 마음이 너무 강해서 집착으로 바뀌면 사랑의 균형이 무너진다. 그때부터는 뺏고 뺏기는 에너지 쟁탈전이 시작된다. 이렇게 서로가 서로에게 상처를 내면서 카르마를 만들어간다.

성에너지

여성과 남성이 육체적 도킹을 할 때, 남성의 +에너지는 여성이 가지고 있는 자기적 끌림에 의해 하단전으로 에너지가 집중된다. 하단전 부근에 강한 전기적 흐름이 형성되고, 여성의 자궁에 있는 −에너지는 남성의 +에너지를 강하게 당긴다. 여성의 자궁은 자기적 흐름을 띠고 있고, 남성의 전기적 흐름을 받아들여 이 에너지를 머리 쪽으로 이동시킨다. 그래서 남성은 아래로 방출하면서 전기적 쾌감을 느끼고, 여성은 머리로 올리면서 전기적 오르가즘이 발생한다. 즉 여성 남성 모두 전기적 흐름의 극대화가 쾌감의 원인이다.

여성이 받아들인 전기적 흐름이 머리로 올라가는 이유는 따뜻한 기운은 위로 올라가고, 차가운 기운은 아래로 내려오기 때문이다. 즉 불기운은 위쪽에 물기운은 아래쪽에 위치한다.

남성의 머리에는 태양(전기적 흐름)이 있고, 여성의 자궁에는 검은 태양인 블랙홀(자기적 흐름)이 있다. 자궁이라는 검은 바다에는 달이 떠 있다. 여성과 남성이 서로 육체적 관계를 맺을 때 남성의 전기적 흐름이 여성의 자궁으로 들어오고, 그 전기적 흐름이 여성의 자궁에서 머리 쪽으로 이동하며 원을 그린다. 여성과 남성이 만드는 전자기 원이다. 마치 자석과 같은 자력 에너지가 만들어진다.

끌어당김의 원리를 살펴보면, 음은 수축하고 받아들이려는 자기적 속성이 강하고, 양은 발산하면서 주려는 전기적 속성이 강하다. 음과 양의 끌림을 지구에서는 사랑이라는 단어로 표현한다. 음양의 자력에너지는 멀리 있을 때보다 가까이 다가갈수록 그 자력 정도가 세진다.

음의 속성인 자력에너지는 기를 내부에 받아들이고 흡수하여 잡아놓으려는 속성이 강하고, 양의 속성인 전기에너지는 적극적으로 내어주려는 속성이 강하다.

여성의 잡아놓으려는 속성은 자신의 내부에 잉태하기 위함이다. 음과 양, 이 두 개의 힘이 만나 제3의 힘이 형성된다. 이것은 하늘을 상징하는 양과 땅을 상징하는 음 사이에 인간이라는 존재가 탄생하는 대자연의 섭리이다.

음양의 통합은 완성에 이르고자 하는 물리적 운동이자 대자연의 위대하고 숭고한 힘이다. 여성의 음과 남성의 양이 만나 음양합일이 될 때 하나가 되고 완전체가 되어 태극이 돌게 되는 이치이다. 여성은 남성성을 얻어 완성에 이르고, 남성은 여성성을 얻어 완성에 이른다.

본래의 하나였던 에너지를 억지로 떼어놓으면 둘로 나뉜 에너지는 서로 반대되는 속성을 찾아 합해지려 한다. 서로의 반쪽을 찾아 하나가 되어가는 것이 사랑이다.

가벼운 사랑, 썸

여자든 남자든, 현실 속에 단단히 엮여있는 카르마적 관계 말고, 스쳐 지나갈 수 있는 가벼운 관계를 때론 원한다. 스쳐 지나는 가벼운 관계는 스쳐 지나야만 그 여운이 더욱 남는다. 현실 속 관계로 묶여버리는 순간, 그 관계는 무거움의 관계로 바뀌어버리기 때문이다.

'썸[3]'이라는 말이 있다. '썸타기'란 이성이 서로 사귈 것처럼 묘한 기운을 풍기는 것인데, 에너지적으로 표현하자면 남녀 간 전자기 에너지

---

3 Something의 준말

를 물리적으로 주고받지는 않았지만, 주변에 전자기 에너지가 감도는 것을 뜻한다. 서로 탐색의 시간이며, 묘한 전자기에너지가 흐르는 시간이다. 마음을 열지 말지 아직 결정된 바 없지만 이미 마음을 주고받기 직전, 즉 도킹의 직전 관계이다.

이러한 썸의 인연이 내 앞에 왔을 때, 연인으로 들어왔든, 친구로 들어왔든, 서로 간의 감정이 오가며 신뢰가 생기고 애정이 더 깊게 들어가기 직전 썸타는 관계가 시작되면 이때부터가 중요한 시점이 된다. 즉 도킹의 전 단계이다. 잘못 도킹하면 파탄이 나는 관계로 발전할 수도 있는 순간이다.

썸 타는 관계가 되었다는 것은 서로 간의 신뢰가 생기고 마음과 마음이 소통되기 시작했다는 것이다. 즉 서로의 마음을 움직일 수 있는 상태가 되었다는 것이다. 서로 잘 되길 바라고, 서로 이끌어주려 하며, 도와주려는 마음이 자동적으로 생기게 만드는 상황이 된 것이다. 이때 상대를 깊이 이해할 수 있고 서로 도움이 되는 관계로 만들어갈 수 있다. 사람이 내 앞에 왔을 때는 상대방을 잘 이끌어주라는 이야기이다.

썸 타기에서 더 깊게 들어가 전자기 에너지를 직접 교류하게 되면 그때부터는 위험한 관계성이 설정된다. 로맨스와 순수함은 사라지고 서로의 정보를 다 파악한 순간, 드라마는 절정을 넘어 결말로 서서히 치닫게 된다. 즉 무거운 관계로 발전하느냐 아니면 이별의 시간을 향해 흘러가느냐의 갈림길에 서게 된다.

위험한 썸은 썸으로 끝나는 것이 낫다. 더 깊이 들어갈 땐 각오를 하고 들어가야 한다. 즉 파국을 맞을 수도 있음을 인지하고 들어가는 것이다. 그래서 만약 썸 타기 관계가 형성되었을 때 썸 타는 정도에 그치고, 결혼할 관계가 아니라면 적절한 거리를 두는 것이 낫다.

인연이 내 앞에 다가왔다면 잘 이끌어주라고 인연이 맺어졌기에 상대를 바르게 잘 이끌어줄 필요가 있다. 결국 사람과 사람이 만났을 때 그 만남을 어떻게 잘 만들어가느냐가 키포인트이다.

이별

인연의 해체와 결합

저마다 인생이라는 기찻길에 오른다. 방향과 목적지가 같으면 같은 기차를 타지만 목적지가 다르면 중간에 기차를 갈아타야 한다. 어떤 인연과 기차를 타고 여행을 한다는 것은 방향이 같아 여정을 함께 하는 것이다. 방향뿐만 아니라 목적지가 같으면 그 인연은 목적지까지 함께 갈 수 있다. 그러나 목적지가 다르면 각자 맞는 기차를 타야만 한다. 목적지가 다름에도 불구하고 우리는 인연의 끈을 붙잡고 있으려 한다.

헤어짐이 죄였던 시대도 있었으나 지금의 시대는 만나고 헤어짐이 자유로운 시대로 접어들었다. 빠르게 맞춰보고 아니다 싶으면 빠르게 갈아타는 시대이기도 하다. 시간의 흐름이 짧아진 만큼, 정보를 교환하는 시간이 짧아진 만큼, 만남과 헤어짐도 가속도가 붙었다.

지금의 시대는 이곳저곳 뜻이 맞지 않으면 해체되고 분리되는 시대이다. 억지로 꿰어맞추고 있던 조립품을 해체하여 더 좋은 조립품으로 진화, 발전시키기 위함이다. 그럼에도 불구하고 불편한 동거는 여전히 지속되고 있다. 생각과 뜻이 맞지 않아도 가족이란 이유로, 친구란 이유로, 동료란 이유로, 오랜 시간 봐왔던 정 때문에, 한 공간에서 애써 서로의 생각을 감추며 불편한 동거를 해오고 있다.

지금은 자신이 가지고 있는 생각, 뜻, 이념을 고스란히 드러내는 시대이다. 자신의 생각과 뜻을 숨기고 감추며 관계를 끊지 않는 선에서 불편한 동거를 하는 시대는 이제 넘어섰다. 자신이 무슨 생각을 하고 있고, 어떤 길을 가고 싶으며, 어떤 인생을 살고 싶은가를 분명하게 밝히고 그 뜻과 맞는 사람을 찾아서 함께 뭉치는 시대가 찾아왔다.

이념과 이념이 통하고, 뜻과 뜻이 만나면 서로를 이해하기 쉽고 또 이념을 위해 한 방향으로 나아갈 수 있다. 따라서 서로 마음이 통할 수 있는 그런 사람, 그런 단체, 그런 모임을 따라가야 에너지가 순환되고 활기가 있어진다. 에너지가 돌고 활기가 차면 몸도 건강해지고 정신도 건강해진다.

내 몸과 정신이 건강해야 주변에 좋은 기운을 전달할 수 있다. 좋은 기운을 전달한다는 것은 이 사회를 정화하고 있다는 뜻이기도 하다. 따라서 나와 말이 통하고, 나와 뜻이 같고, 나와 이념이 비슷한 사람과 만나 서로 교류할 필요성이 있다.

헤어지는 것을 두려워 말라! 자신과 통하는 사람을 다시 만나면 된다. 생각이 다른 친구와는 절교하고, 함께 이루어갈 목표가 다른 부부는 이혼하고, 이념과 뜻이 다른 사람과는 헤어짐이 가속화되는 세상이다. 이제 뜻과 뜻이 맞는 사람과 다시 만나라! 그래야 서로 에너지가 순환되고 생기가 도는 법이다.

만남과 헤어짐에 관하여

만남과 헤어짐이 자유로운 시대이다. 빚고리 청산의 속도가 그만큼 빨라졌다는 것이다. 옛날에는 마음에 들지 않아도 꾹 참고 사는 세상이었다면, 지금의 시대는 맘에 들지 않으면 바로 헤어지는 시대이기도 하다.

사람과 헤어질 때, 특히 남녀가 헤어질 때, 좋은 헤어짐이란 없다. 여운을 남기는 헤어짐은 결코 좋은 헤어짐은 아니다. 끊으려면 확실하게 끊는 것이 좋다. 이 또한 시간이 지나면 잊혀지는 것이고, 스스로 자신을 갖추면서 성장하면 더 멋진 삶이 펼쳐질 것이다.

남녀 간의 관계성 속에서 본인이 깨달아야 하는 것은 '어떤 사람을 배우자로 만나는 것이 좋은가?'라는 분별력을 깨닫는 것이 중요하다. 이런 사람과는 이렇게 잘 맞고, 저런 사람과는 저렇게 안 맞고, 등등 사람과 사람이 만나서 서로의 거울을 비춰보면서 자신의 장단점을 깨달아가는 것이다. 이러한 과정에서 정신적으로 내적으로 더욱 성장할 수 있는 과정을 거치는 것이다. 사람은 사람과의 관계성 속에서 배우고 깨닫는다. 상대방의 행동과 반응을 통해서 자신을 알아가는 것이다. 이 가운데 어떤 사람과는 연을 계속 이어가고, 어떤 사람과는 이별을 택한다. 누구나 인생이라는 여정에 자신과 가는 길이 같으면 함께 걸어가고, 길이 다르면 갈라지는 것이다.

인연이란, 인생이라는 길을 걸어가다가 만나는 신들이다.

헤어짐이란 누구나 겪어야 할 과정들이다. 얼마나 헤어짐을 잘하느냐에 따라 어떤 이는 과거에 묶이기도 하고, 어떤 이는 미래로 나아가기도 한다. 과거에 묶인다는 것은 사람과 사람이 마음의 감정으로 엮인 것이 풀어지지 않았기 때문이다. 이 마음이 풀어져야 비로소 미래로 나아갈 수 있다.

만남과 헤어짐은 영적채무로 엮여진다. 사랑과 이별이라는 로맨틱한 언어로 노래하지만 실상과 현실은 더 처절하다. 줄 것은 주고, 받을 것을 받고 나면 빚고리 관계가 청산된다. 이후부터는 새로운 관계가 형성되고 계속 길을 같이 걸어가던가 아니면 서로 다른 길을 걸어가던가 두 가지 길밖에 없다.

떠나는 자, 남겨진 자

누군가는 떠나고, 누군가는 남는다. 떠나는 자는 자기의 할 일을 다 마친 사람이고, 남아있는 자는 남겨진 것들을 정리해야 하는 사람이다. 떠나는 자보다 남겨진 자의 몫이 더 큰 법이다. 마음이 떠난 사람도 먼저 떠난 자요, 몸이 떠난 사람도 먼저 떠난 자다. 전자를 일반적인 이별이라 한다면, 후자는 누군가의 죽음이라 할 수 있다.

이별이라는 것은 서로의 영향력이 끝났다는 것이다. 나에게 깊숙이 드리워져 있던 영향력이 사라지는 것이다. 이때는 단절의 아픔이 찾아온다. 홀로 서야 하는 시간이 도래하였기 때문이다. 정리는 남겨진 자의 몫이다. 남겨진 자는 떠난 자가 주고 간 유무형의 에너지를 통합 흡수해야 하는 숙제가 남겨진 것이다.

이별의 시간은 통합의 시간이자 정리의 시간이다. 이 시간을 얼마나 의미 있게 보내느냐에 따라서 인생의 깊이가 달라진다. 이별이란 성숙의 시간이기도 하다. 영혼이 좀 더 단단해지고 단련되는 시간이다. 남겨진 자는 이별의 시간을 통합의 시간으로 받아들여야 한다.

이별이 되었든 죽음이 되었든, 남겨진 자는 혼자의 시간을 갖게 된다. 그리고 떠나는 자는 최대한 가볍게 하고 떠나야 한다. 남겨진 것이 많으면 떠나기가 힘들다. 물건이 무거우면 옮기기 어렵듯, 마음도 무거우면 옮기기가 어렵다.

오랜 시간 한 집에 머무르면 물건들에는 사람의 에너지가 스며들기 마련이다. 이사를 가려 해도 짐이 너무 많아 무거워서 잘 이동하기도 힘들다. 물건과 장소에 배인 사람의 에너지는 강한 접착성이 생기게 된다.

인간의 영혼도 무거우면 죽어서 지구를 떠나기가 힘들다. 무거운 것은 가라앉듯 에너지도 무거우면 뜨질 않는다. 마음이 걸려서 떠나지 못하는 영혼도 있고, 집착이 강해서 떠나지 못하는 영혼도 있다. 사는 동안 마음을 많이 두면 둘수록 이별도 힘든 것이다. 그래서 헤어짐은 살을 에듯 아픈 것이다.

떠나는 자도 남겨진 자도 마음의 허전함은 남는다. 서로에게 강한 영향을 줄수록, 서로 감정에너지를 많이 주고받을수록, 마음의 빈 공간은 더욱 생기는 법이다. 그렇다고 그 빈 공간에 떠난 자의 잔상을 남겨두면 떠난 자도 남은 자도 미래로 나아갈 수가 없다.

떠난 사람은 잘 보내줘야 한다. 마음이 먼저 돌아선 자도, 몸이 이미 세상을 떠난 사람도 할 일을 모두 마쳤기 때문에 떠나는 것이다.

헤어지고 난 뒤 미련을 못 버리고 다시 연락해서 붙잡으려 하는 사람들도 있다. 물론 죽은 사람도 잊지 못하고 마음속에 붙잡고 있는 사람도 있다. 정녕 상대방을 위한다면 깔끔하게 돌아서는 것이 더 멋지다. 그래야 가는 사람도 잘 풀리고 본인도 잘 풀리는 법이다. 뒤를 자꾸 돌아보면 절대 앞으로 나아가지 못한다.

남겨진 자가 죽은 자를 붙잡고 늘어지면 죽은 자는 저승길을 가고 싶어도 남아있는 자가 눈에 밟혀 떠나질 못한다. 죽은 자에 대한 예의는 깨끗하게 잊어주는 것이다. 그리고 떠난 사람의 몫까지 더 열심히 살아주는 것이다.

이별도 헤어짐도 모두 마음 에너지를 떼어내는 작업들이다. 떠나는 자도 남겨진 자도 마음이 깊으면 떠나지 못한다. 몸은 떠나도 마음의 잔상이 남아있기 때문이다. 죽은 영혼도 산 사람이 붙잡고 있으면 떠나지 못하듯, 떠나야만 하는 자는 잘 보내줘야 한다. 남아있는 자도 언젠가는 떠나게 될 테니… 먼저 가느냐, 뒤에 가느냐의 차이다.

탄생과 죽음 그리고 이별의 의미

만남이 있으면 이별이 있고, 이별이 있으면 만남이 있다. 하루만의 이별도 있고, 평생의 이별도 있다. 우리는 지구에 태어난 순간부터 만남과 이별을 경험한다. 아침에 만난 태양을 저녁이 되면 이별하고 달과 만난다. 달과의 이별이 있으면 태양과의 만남이 있고, 태양과의 이별이 있으면 달과의 만남이 기다린다. 우리는 매 순간 변화를 하고 있기 때문에 만남과 이별이 있는 것이다. 어제의 나와 이별하고 오늘의 나를 만나듯, 우리는 매 순간 새롭게 변화하고 재탄생하는 중이다. 만남과 이별이 있다는 것은 우리가 계속해서 성장하고 있다는 뜻이다.

탄생이란 이생과의 만남이요, 죽음이란 저승과의 만남이다. 탄생도 고귀하고 죽음도 고귀하다. 이생에 태어나는 자는 저승의 에너지를 담고 태어나고 이생의 경험을 모두 담아 저승으로 가져간다. 탄생과 죽음의 순간은 이 세계와 저 세계를 운반하는 비밀의 문이 된다. 이 문이 열릴 때 우리는 떨림을 경험한다. 새로운 세계에 대한 두려움의 떨림과 새로운 시작이라는 새로움의 떨림이 공존한다. 탄생의 문이 열렸을 때와 죽음의 문이 열렸을 때, 우리는 변화라는 보이지 않는 힘을 체험한다.

탄생의 문을 여는 삼신할매와 죽음의 문을 여는 칠성님이 이 문을 관장한다. 삼신할매는 지구로 들어오는 문을 관장하고, 칠성님은 영혼의 안식처인 북두칠성의 문을 관장한다.

강물이 바닷물을 만나 하나가 되듯, 물질이라는 육체의 그릇을 벗고 영으로 하나가 된다. 죽음은 끝이 아니라 물질에서 영으로의 변환이다. 이 우주에 사라지는 것은 아무것도 없다. 단지 변화할 뿐….

우리는 매 순간 만남과 이별을 경험한다. 떠나려는 인연은 보내야 하고, 다가오는 인연은 맞이해야 한다. 인연과 인연이 만나 새로운 흐름이 만들어지고, 인연과 인연이 만나 인생이라는 비단길이 엮어진다.

사물 인연

사람과 사물의 연

사람과 사람이 연을 맺듯, 사람과 사물도 인연을 맺는다. 연이란 일종의 관계성이다. 너와 내가 만나 어떤 관계를 만들어가느냐에 따라 인연이 만들어지고 인연이 엮이는 것이다. 연을 맺는 것은 인간만이 할 수 있는 특권이다. 서로 필요충분조건에 의해 인간과 인간은 연을 맺는다.

인류 초기 인간은 짐승을 길들여서 연을 맺었고, 인간에게 없는 능력을 동물로 활용하여 사용하였다. 인간보다 빠르게 달리는 말을 활용하였고, 인간보다 냄새를 잘 맡는 개를 활용하였다. 시간이 흘러 미래로 들어가는 관문에서 인간들은 물건을 개발하기 시작하였다.

사람과 사람이 연을 맺는 이유는 내가 없는 재능을 남이 가지고 있기 때문에 서로 연대하여 힘을 합하기 위해서다. 인간은 편리를 위해 물건을 개발하였고 이 물건들을 활용한다.

물건 속에는 인간의 상념과 인간의 에너지가 들어간다. 물건을 만드는 과정에서부터 인간의 손을 거칠 때마다 저마다의 상념이 보태진다.

이렇게 수많은 사람들의 상념이 물건에 보태지기도 하고 정화되기도 하면서 마지막에는 깨끗하게 정돈되어 새로운 상품이 탄생된다. 그리고 이 상품을 구입하여 쓰는 사람은 그 상품에 의미를 보태기도 하고 오랜 시간 지니고 다니면서 물건 속에 생각과 염(念)을 집어넣는다. 즉 손때가 묻는 것이다.

이러한 물건은 물건 가격에 따라 사람들이 그 물건을 대하는 마음가짐이 달라진다. 비싸게 구입한 가방이나 신발은 고이고이 모셔두지만, 싸게 구입한 물건은 그냥 막 쓰는 물건이 된다.

물건은 쓰는 사람이 귀하게 여길수록, 의미를 담을수록, 텔리즈먼 (Talisman) 효과가 강하게 나타난다. 운동선수가 시합에 나갈 때 자신감을 주는 자신만의 옷을 입거나 물건을 지니는 것이 바로 텔리즈먼 효과이다. 물체에 강한 염을 넣고 그러한 마음 상태를 유지하게 만드는 행위를 텔리즈먼이라 한다.

물건이라는 것은 인간이 가치를 어떻게 매기느냐에 따라 물건의 가치가 달라지는 법이다. 다이아몬드도 돌처럼 여기면 돌이 되는 것이고, 돌도 다이아몬드처럼 여기면 귀한 것이 되는 법이다. 이렇게 인간은 사물에 가치를 매기거나 염을 넣어서 연을 맺어왔다.

이 우주는 보이지 않는 힘이 깃들어있는 하나의 에너지체이다. 그 힘은 보이지 않지만 이 우주를 운행하는 힘이다. 이 힘은 무한한 우주 삼라만상 어느 곳에나 편재해 있다. 이 힘은 지구 생명체에 스미는 힘이자 인간 영혼의 에센스이기도 하다.

우리 인간은 물체에 강한 염을 불어넣을 수 있다. 즉 생각의 에너지를 넣을 수 있다는 것이다. 신이 육신을 만들어 신의 호흡을 불어넣 듯, 인간은 물체에 인간의 염을 넣는다. 인간의 염을 불어넣은 물질은 특정 역할이 부여된다. 자신이 자주 사용하는 물건에 자신만의 고유 에너지가 담기듯, 인간의 염은 강력한 힘을 발휘한다. 자신이 창조해 낸 생각의 사념들을 물질에 불어넣는 것, 이것이 바로 텔리즈먼이다.

텔리즈먼의 종류는 많다. 부적, 목걸이, 돌, 액세서리 등등 인간이 염을 불어넣을 수 있는 모든 물체에 사용할 수 있다. 의식적으로도 불 어넣을 수 있고 무의식적으로도 실릴 수 있다. 사람이 자주 쓰는 물 건 등에는 에너지가 스며들게 된다. 내가 쓰는 물건들은 내 파동대 안 에 머물기 때문에 나와 비슷한 진동을 띠고 있다. 어떤 물건에 의미나 상징 그리고 마음 에너지가 담기게 되면 물체는 하나의 생명력을 갖게 된다.

텔리즈먼이란, 마음이 담겼느냐 안 담겼느냐에 따라서 효력이 달라 진다. 어떤 물건은 누군가에게는 값진 물건이지만 그 물건이 어떤 이에 게는 아무것도 아닌 것이 될 수 있는 것은 그 물건에 담긴 마음 때문 이다.

호두나무 테이블의 텔리즈먼

어느 날 100년 이상 된 호두나무 테이블을 보게 되었다. 호두나무 를 측면으로 깎아 통 테이블을 만들었는데, 나무의 결 모양이 마치 그 림을 그려놓은 듯 예술품 같았다. 만져도 보고, 앉아도 보고, 한참을 서서 바라보니, 이런 책상은 대체 누가 쓸까? 라는 의문이 들었다.

이 호두나무 테이블의 느낌은 경건하게 테이블에 앉아 명상하듯 차를 마시거나 중요한 업무를 봐야만 할 것 같은 느낌이다. 오랜 고목이 주는 느낌은 신성하고, 경건하고, 더불어 엄숙하기까지 한 에너지를 발산하고 있었다. 오랜 시간 풍파를 거쳐 살아남은 인고의 세월이 그대로 담겨 있는 듯했다. 이렇게 신성한 느낌이 나는 테이블은 이 테이블을 쓰는 사람과 에너지가 섞이지 않으면, 혼자서 우두커니 빈방을 지키는 신세가 될 듯하다. 이런 호두나무 테이블은 혼자 쓰기보다는 여럿이 쓰는 편이 나으며, 또 여럿이 모여 의미 있는 대화를 한다면 잘 쓰는 테이블이 될 것이다.

물건도 잘 쓰여야 빛을 발하는 법이다. 잘 쓰이지 않으면 빛이 퇴색되어버린다. 사람 손을 탄 물건과 타지 않은 물건은 바로 차이가 난다. 사물과 나의 에너지가 잘 섞여 혼연일체가 되면 더 큰 시너지를 낼 수 있다. 그래서 내가 쓰는 물건들은 나의 에너지와 섞여 어울려야만 쓸모가 있게 되는 것이다. 좋은 물건도 잘 쓰지 않고 모셔두면 먼지가 앉으면서 점차 그 빛이 퇴색된다.

사람도 마찬가지다. 에너지가 섞이지 않으면 혼자 외롭게 보내야만 한다. 특히 에너지가 큰 사람은 에너지가 작은 사람들과 쉽게 섞이지 못하기 때문에 혼자 외롭게 지낼 확률이 높다.

호두나무 테이블의 큰 기운과 비교하여 호두나무 테이블을 사용할 인간의 기운이 딸리면 호두나무 테이블은 홀로 독방신세를 져야 한다. 즉 인간이 호두나무에게 치이는 셈이다. 이때부터 호두나무 테이블 주인은 호두나무 테이블을 가까이하지 않게 되고, 점점 분리되면서 호두나무는 호두나무대로, 인간은 인간대로 분리되어 있다가 결국 호두나무는 다른 주인을 찾아 떠나게 되는 상황을 맞이하게 된다. 즉 물건이 사람을 치는 형국이 되는 것이다.

  마찬가지로, 기운이 큰 아내를 둔 남편은 호두나무 같은 아내와 섞일 수 없고, 결국에 남편은 점점 밖으로 돌게 되면서 아내는 홀로 외로운 독방신세를 져야 하는 상황을 맞이하게 된다. 그래서 기운이 작은 사람이 기운 큰 사람을 다룰 수 없는 법이다.
  만약 여자가 기운이 너무 세면 남편이 밖으로 돌게 되어있다. 남편은 기운 큰 와이프를 호두나무 테이블처럼 집에 외로이 모셔두고, 밖으로 나가 자신과 기운이 비슷한 여성을 찾아 헤매게 된다.
  물건도 자신의 그릇 크기보다 크고 비싼 물건은 그 물건이 사람을 치기 때문에 나의 재정 수준보다 조금 위의 물건을 선택해야 그 물건이 값어치 있게 쓰일 수 있다. 즉 물건의 가치만큼 내가 성장하려 노력하기 때문에 꼭 가져야 하는 물건이 있다면 자신의 기운보다 약간 높은 것을 선택해서 그 물건의 수준까지 올라가려 노력하는 편이 낫다. 너무 차이가 나면 집에 모셔두고 안 쓰게 된다. 그래서 당신의 기운보다 너무 차이가 나는 큰 물건이나 사람을 탐하지 말라! 그 물건이나 사람이 너를 칠 수 있기 때문이다.

물건의 가치

명품이란 물질 최고 가치를 담은 상품이다. 최상의 재료를 가지고 최고의 재능을 가지고 있는 사람들이 하나의 오케스트라를 연주하듯, 인간의 재능이 모여 최고의 상품을 만들어내는 것, 이것이 명품의 가치이다. 원단을 만드는 사람, 디자인을 하는 사람, 봉제를 하는 사람, 기획을 하는 사람, 홍보를 하는 사람, 사진을 찍는 사람 등등 수많은 사람들이 공을 들여 하나의 작품이 탄생된다.

그냥 막 만든 상품과 공을 들인 상품은 그 안에 담긴 에너지가 확연히 차이 난다. 막 만든 상품은 막 굴리고, 공이 담긴 상품은 귀하게 여긴다. 그 이유는 그 안에 담긴 에너지 때문이다.

명품샵에 들어가면 점원들이 명품을 꺼내줄 때 흰 장갑을 끼고 조심스럽게 상품을 대하면 자신도 모르게 그 상품을 귀히 여기게 된다. 이러한 작은 디테일 속에서도 무언가를 얻고 배울 수 있어야 한다.

공을 들인 물질에는 많은 에너지가 담기게 된다. 하나의 창조된 물질에 에너지를 부여하고 의미를 부여하는 것이 바로 텔리즈먼이기 때문이다.

물건이란 누구의 손에 가서 어떻게 잘 쓰이는지에 따라 그 물질이 가치 있게 쓰이는지 아니면 무의미해지는지가 달려있다. 누군가에게는 의미 있고 중요한 물건이 될 수 있지만, 또 누군가에게는 아무것도 아닌 것이 될 수 있기 때문이다. 물건이란 귀히 여길수록 귀한 물건이 되는 법이다.

오케스트라만 합주하는 것이 아니라 인간이 공을 들인 상품이라는 것도 오케스트라와 같이 각자 재능을 모은 완성품에 해당된다. 우리가 쓰는 휴대폰, TV, 세탁기, 옷, 가방, 가구, 집 이 모든 것은 인간의 에너지가 들어간 집합체이다. 이러한 사물을 대하는 자세, 대하는 방법도 중요한 공부거리 중 하나가 될 수 있다.

나는 정신과 물질의 조화를 원한다. 왜냐하면 물질의 최상위와 정신의 최상위는 하나로 관통하기 때문이다.

도를 닦는 방법은 여러 갈래의 길이 있다. 어떤 사람들은 자신의 업속에서 깨달음을 얻기도 하고, 어떤 사람들은 자신이 좋아하는 일을 하면서 깨달음을 얻기도 한다. 도를 닦는다고 산으로 들어가 물질을 멀리하는 것은 시대적으로 이미 지났다. 이제는 물질 속에서 도를 닦아야 하는 시대가 펼쳐지고 있다.

인간은 위로 올라가려 한다

인간은 위를 경험해보면 다시는 아래의 것을 선택하려 하지 않는다. 물건도 한번 좋은 것을 써보면 그다음에는 그에 준하는 물건을 찾으려 하는 것이 인간 본연의 욕구이다.

가령 천 원대의 음식을 맛있게 먹다가 어느 날 만 원대의 음식을 맛보면, 그다음부터는 계속 만 원대의 음식을 먹으려고 한다. 한 번 좋은 음식으로 입맛을 들여놓았기 때문에 그 아래 등급은 다시 찾고 싶어 하지 않는다.

물건도 처음에는 만 원짜리 가방을 좋다고 들고 다녔는데, 어느 날

십만 원짜리 가방을 가지게 되었고, 그 가방이 여러모로 좋다는 것을 알면 그다음부터는 어떻게든 그 가격대의 가방을 사려 한다. 집도 마찬가지로 작은 집에서 살다가 평수를 조금 넓히면 나중에 이사갈 때는 그 집보다는 좀 더 좋은 곳으로 이사하려고 한다. 나무가 가지를 뻗어가듯, 인간은 정보를 흡수하면 그다음 단계로 나아가려는 기본 속성을 가지고 있다.

물질적 급수는 좋은 물건을 써보면서 올려갈 수 있다. 계속 같은 가격의 음식, 같은 가격의 옷과 물건에 머물면 그 수준에 갇히게 된다. 검소함은 없는 자에게 부여되는 덕목이지 있는 사람에게 부여되는 덕목은 아니다.

각자 자신마다의 씀씀이, 수준이라는 것이 정해지게 되어있다. 현재 자신이 가진 재정 한도 내에서 씀씀이가 정해지는 것이다. 만 원짜리 음식을 먹어야 하는 사람이 갑자기 십만 원짜리 음식을 먹으면 그것은 씀씀이에 맞지 않다는 것을 자기 스스로도 느낄 수 있다. 과지출했다고… 씀씀이는 자신의 재정대비 스스로 느낄 수 있는 부분이기도 한데, 반대로 어느 정도 재정 상황이 되는데도 불구하고 너무 검소하게 살면 발전이 없이 그 자리에 머물러 버린다. 너무 아낀다고 좋은 것만은 아니다.

자신이 가지고 있는 재정의 한도 내에서 물질의 가격대가 정해진다. 좋은 것을 맛보면 그것을 계속 먹을 수 있는 재정상태를 유지하려 한다. 이 수준에서 더 떨어지면 안 된다는 심리가 자신의 수준을 지켜나간다. 그래서 위의 것을 한번 맛보면 더 올라가려는 욕구가 생기는 것이다.

한 가지 더 예를 들면, 여행을 좋아하는 사람은 한 곳을 세 번 이상 방문하기보다는 새로운 곳을 개척하려는 욕구가 있다. 왜냐하면 계속 갔던 여행지를 모두 파악하고 나면 기존의 여행지가 시시해져 버려 다시 새로운 개척지를 찾아나선다. 이것은 아주 중요한 메커니즘이다.

더 좋은 것, 더 편한 것, 더 럭셔리한 것, 더 가치 있는 것을 추구하려는 욕망이 인간의 문명을 발전시켜왔다. 기업도 올해 실적보다는 내년 실적이 더 뛰어나길 바라고, 올해 제품보다 내년 제품은 더 좋고 멋있는 제품으로 내놓으려 한다. 올해 내놓은 신상품이 작년 것만 못하다면 사람들은 그 상품을 더 이상 사려 하지 않는다.

지금은 물질적 풍요시대로 나아가고 있다. 그래서 모든 사람들이 평균대의 물질을 쓸 수 있다는 장점이 있는 시대이다. 과거 왕족이나 귀족들만이 가질 수 있던 물건도 지금은 돈만 있으면 가질 수 있는 세상이 되었다. 현재 대한민국 국민들 대다수는 백만 원 가까이 되는 스마트폰을 누구나 쓰고 있으며, 2~3년의 주기로 바꿔주고 있다. 편의점 음식을 먹어도 백만 원짜리 휴대폰은 소지할 수 있는 세상이기 때문이다.

각자 자신이 어디에 돈을 쓰는지 분석해 볼 필요가 있다. 음식을 먹는 데 돈을 쓰는 유형인지, 굶더라도 가방과 옷은 좋은 것을 사야겠다는 유형인지, 아니면 여행을 가는데 돈을 아끼지 않는 사람인지, 자신의 관심 분야에 따라 돈을 쓰는 경향이 달라진다.

　자신이 현재 처해있는 물질적, 재정적 상태를 부끄러워하지 말라. 이것은 부끄러운 것이 아니다. 자신이 현재 처한 현실을 바르게 아는 것이 무엇보다 중요하다. 스스로 진단할 줄 알아야 발전할 수 있다. 어떤 이는 아직 공부 중인 사람도 있고, 어떤 이는 직장인일 수도 있고, 어떤 이는 아직 기회를 기다리는 사람도 있다. 각자 자신이 처한 환경에서 노력하는 사람이 되어야 한다.

터와의 도킹

공간장 크기

　인연과 인연이 도킹하듯, 인간은 터와도 도킹한다. 자신이 현재 머물고 있는 터는 나와 도킹되어 있는 터이다. 또 나와 잘 맞기 때문에 그 터에 앉아있는 것이다. 터와 공간장은 나의 기운 크기를 보여준다. 현재 자신이 어디에 어떻게 살고 있느냐는 자신의 에너지 크기를 보여주는 지표이다. 자신이 처한 크기에 맞게 어떤 사람은 큰 집에 살기도 하고, 여러 채의 집을 거느리기도 하며, 어떤 사람은 작은 집에서 머물기도 한다. 집이라는 것에는 자신의 에너지 상태, 크기, 그리고 자신의 마인드 및 성향 그리고 취향까지도 담겨있다. 그래서 그 사람을 알려면 그 사람이 머무는 공간장을 보면 도움이 된다.

　나무는 한곳에 뿌리를 박으면 누군가 이동시키지 않는 한 영원히 한곳을 지킨다. 그러나 두 발이 달린 인간은 자신의 에너지 사이즈에 맞게 터를 이동한다. 또한 터마다 가지고 있는 기운, 색깔, 역할 등이 모두 다르다. 어느 터는 공부하는 터, 어느 터는 돈이 굴러가는 터, 어느 터는 사무실이 모여있는 터, 어느 터는 술마시고 노는 터 등등 인간이 만들어놓은 쓰임에 따라 터가 다르게 쓰인다. 만약 공부를 하는 중이라면 공부하는 터로 옮겨야 하고, 자신의 에너지를 펼치려면 펼칠 수 있는 터로 옮겨야 한다. 각자 자신에게 맞는 터가 존재한다. 공부하고 성장할 때는 큰 집이 필요치 않다. 그러나 다 성장해서 펼칠 때는 큰 집이 필요하듯 자신의 성장 속도에 맞추어 터를 이동하게 된다.

작은 화분에 있던 나무를 큰 화분으로 옮겨주면 나무의 키가 많이 자라게 된다. 작은 공간에서는 작은 공간에 맞추어 나무가 자라고, 큰 공간에서는 큰 공간에 맞추어 나무가 자란다. 공간장이 바뀌면 나무가 그에 맞는 기운으로 바뀌어 나가듯, 사람도 공간장을 바꿔주면 그에 걸맞는 기운으로 바뀌어 나간다.

사람도 기운이 커지는 만큼 공간을 넓혀줄 필요가 있다. 나무 크기에 맞는 화분에서 나무가 잘 자라듯, 마찬가지로 사람도 너무 작은 공간에 있으면 답답하고 스트레스를 받는다.

내가 어느 정도 성장했을 때는 그에 맞는 좀 더 큰 공간으로 이동해줄 필요가 있다. 그래야 내 영혼의 크기도 거기에 맞추어 성장할 수 있는 법이다.

터의 장력, 인연의 장력

인간의 움직임은 그냥 아무런 의미 없이 일어나는 일이 아니다. 생각의 에너지가 꽉 차서 물질화가 이루어질 때 행동으로 나타나는 것인데 자신이 가는 곳, 밟는 땅 또한 그냥 우연히 밟는 땅은 아니다. 전생에 한번쯤은 밟았던 곳을 또 밟게 되는 것이다. 특정 장소에서 죄를 지은 사람은 또다시 그 장소에 다시 한번 가보듯, 자신이 현재 자리 잡고 있는 그 터는 자신과 인연이 있는 터이기 때문에 그곳에 있는 것이다.

사람도 우연한 만남이 없듯 땅과 사람도 우연한 만남이란 없다. 언젠가 한번 가본 듯한 느낌을 기시감(旣視感) 혹은 데자뷰 현상이라고 하는데, 이러한 기시감은 불현듯 갑작스러운 느낌의 감(感)으로 느끼는 것이다.

지역에 터를 잡고 있는 사람들의 경우, 웬만해서는 터를 바꾸기가 쉽지 않다. 그래서 그 지역에 오랫동안 눌러앉게 된다. 만약 이러한 사람이 이 터를 떠나고자 한다면 업을 바꾸거나 새로운 인연이 들어와야 그 인력으로 터를 떠날 수가 있다.

결혼은 터를 이동할 수 있는 좋은 기회이다. 지방에 살던 사람이 도시 사람을 만나 도시로 이동할 수 있는 이동수를 만들어주기 때문에 인연은 중요하다. 직장도 매우 중요하다. 직장을 잡으면서 이동수가 생기기 때문이다. 외국으로 나가는 경우도 마찬가지인데 인연을 통해서 외국으로 나가는 경우가 가장 흔한 방법 중 하나이다.

터의 장력보다 더 강한 것이 인연의 장력이다. 인연은 이동수를 만들어내는 중요 요건 중 하나이다. 만약 자신이 지방에 살고 있는데 새로운 곳으로 이동하고 싶은 마음이 있다면 좋은 인연을 만나라! 그것이 그 지역을 뜰 수 있는 가장 빠른 방법이다.

사람들은 자신들이 익숙한 땅에서는 자신감을 갖는다. 예전 TV에서 동남아 외국인이 한국에서 일을 하다가 자기나라 공항에 내리는 순간, 눈빛이 달라지고 자신감이 차오르는 모습을 본 적이 있다. 자기의 나라, 자기 땅은 잘 알기 때문에 자신감이 차오르는 것이다. 사람은 새로운 땅에 처음 가면 에너지적 저항감을 느끼고 위축되지만 그 땅에 익숙해지면 에너지적 저항감이 사라진다. 우리들도 전혀 생소한 나라에 처음 방문을 하면 왠지 모르게 기운이 위축되면서 두려운 마음이 올라오기도 하지만 한번, 두번 그 나라를 재방문하면 그 땅의 기운을 알기 때문에 저항감이 사라진다.

마찬가지로 사람도 처음 만나는 사람은 미지의 에너지이기 때문에 두려움 혹은 설렘의 마음을 품지만, 여러 차례 만나다 보면 익숙해지고 편안해지는 것과 같은 이치이다.

사람과 마찬가지로 땅도 설렘을 느낄 수 있다. 미지의 느낌과 상상은 설렘을 더욱 크게 만든다. 땅도 여러 번 밟으면 친해진다. 사람과 사람이 만나 친해지듯 사람과 땅이 친해지는 것이다. 그리고 그 터의 기운에 서서히 녹아든다. 그렇게 땅을 여러 번 밟으면서 땅과 친해지는 것이다.

사람은 한번 밟았던 터를 또 밟게 된다.
전생에도 밟았고 현생에도 밟는다.
전생에 왕궁과 연관된 사람과 왕궁 근처에 살았던 사람은
현생에도 다시 왕궁과 그 주변을 맴맴 돈다.

인간명당

과거 시대의 명당이라면 배산임수[4]를 명당이라 하였다. 음택과 양택을 구분하여 조상이 묻힌 자리를 음택이라 하고, 사람이 사는 자리를 양택이라 하였다. 과거 조선시대만 해도 음택을 얼마나 잘 잡느냐에 따라 후손들의 운명이 결정된다고 생각했기 때문에 못자리 찾는 것을 매우 중요하게 여겼다. 즉 조상의 공덕이 현손들에게 얼마나 영향을 미칠 것인가를 따지는 시대였다. 그러나 시대는 빠르게 바뀌었고 인간들의 관념도 변하였다.

지금 시대의 명당이란, 물 좋고 산 좋은 과거와는 달리 사람이 모이는 곳이 바로 명당자리이다. 사람이 모이는 곳에 길이 형성되고 문화 공간이 생기며 돈이 흘러가는 길이 만들어진다. 고층건물들은 나무역할을 하며, 차도는 물길 역할을 한다. 나무의 물이 오르내리듯, 물을 머금고 있는 인간들이 건물을 오르내리며, 물이 흐르는 자리는 차들이 흘러가고 있다.

어떤 사람이 어떻게 모이느냐에 따라 터의 성격도 달라진다. 사람들은 각자 자신의 기호에 맞게 터를 찾아 들어간다. 터마다 자신의 색깔을 가지고 있고, 터마다 업(業)이 다르게 세팅되며, 터마다 쓰임새가 다 다르다.

과거에는 인간이 자연에 맞추어 사는 삶이었다면, 지금 시대는 인간

---

4   지세(地勢)가 뒤로는 산을 등지고, 앞으로는 물에 면하고 있음.

이 자연을 변형시키면서 사는 시대가 되었다. 물길을 바꾸고, 산세를 바꾸며, 산을 평지로 만들기도 하고, 척박한 사막을 도시로 만들기도 한다.

자연이 품어주던 시대에서 인간이 자연을 관리하는 시대로 변하고 있다. 자연이 인간을 다스리던 시대에서 인간이 자연을 다스리는 시대로 변모하고 있다. 즉 인간이 신의 역할을 대리하는 시대로 흘러가고 있다는 뜻이다. 그만큼 지금의 세상은 인간이 중요한 세상이 되었다.

사람이 터의 기운을 바꾸는 시대이다. 비슷한 생각을 하며 사는 사람끼리 비슷한 터에 모여 살 듯, 터는 인간의식에 따라 변하고 있다. 명당은 따로 있는 것이 아니라 인간의식이 만드는 것이다. 터를 명당으로 만드는 것이 아니라 자기 자신을 명당으로 만들어라! 인간명당이 가는 곳이 바로 명당이다.

터와의 이별

사람과 사람이 만나고 헤어지듯 터와 사람도 만나고 헤어진다. 물론 사람과 사람의 인연만큼 감정적이지는 않지만 터와 사람도 보이지 않는 조우를 한다. 보이지 않는 '터신'과 '나'라는 에너지체와의 교감이 이루어지는 것이 바로 터와의 궁합이다. 사람과의 이별은 슬프지만, 터와의 이별은 '아쉽다'라는 감정상태로 나타난다. 내가 머물고 나의 흔적과 경험이 고스란히 녹아있는 곳이 바로 터이기 때문이다. 터와의 이별은 지난 과거 경험과의 이별이기도 하다. 자신이 머물렀던 터에는 나의 기운이 배여 있고, 그 공간에는 나의 에너지가 스며있기 때문에 터와의 이별은 왠지 모르게 아쉽게 느껴지는 것이다.

이동수나 이사는 에너지가 차올랐을 때 물질화가 되는 움직임이다. 이사는 두 가지 방향으로의 이사가 있다. 운이 상승해서 이사를 하느냐? 운이 하강해서 이사를 하느냐?

운이 상승해도 이동이 찾아오고, 운이 하강해도 이동이 찾아온다. 운이 상승해서 이동하면 더 큰 집, 더 좋은 집으로 이사를 가겠지만, 운이 하강해서 가는 집은 더 작은 공간으로 공부할 집을 찾아들어가게 된다. 즉 조금은 버거운 상황의 장소로 이동되는 것이며, 공부를 할 때는 최소한의 생활을 유지할 정도의 재(財)가 주어진다. 더불어 사람과 사람을 작은 공간 속에 붙여놓기도 한다. 처음부터 다시 사람과 사람이 협력해서 발전해나가라는 시그널이기도 하다.

터에는 그 지역 특유의 진동이 있다. 그 진동에너지를 주관하는 신이 바로 터신이다. 터신은 특정 장소를 관할하고 보호하는 신이기 때문에 그 지역에 오랫동안 살았던 사람과 비슷한 에너지 상태라고 보면된다. 그래서 터줏대감이라는 말이 생긴 것이다.

터의 주인을 터줏대감이라고 한다. 이사를 갈 때 그 터의 터신을 알아보려면, 그 동네에서 오래 산 사람의 모습을 보면 된다. 오래 산 사람과 그 터신은 비슷한 에너지 파장대를 공유하기 때문이다. 서로 에너지 파장대가 맞기 때문에 오래 그 지역에서 살 수 있는 것이다.

이사라는 것은 매우 중요하다. 사람도 머물던 자리와 뜬 자리는 명확하게 처리하는 것이 좋다. 자신의 흔적을 남기면 그 뒤에 오는 사람은 그 흔적을 지워내기까지 오랜 시간이 걸리기 때문에 떠나는 자는 자신의 흔적을 지워주면 좋다. 즉 뒤에 오는 사람을 위해서 에너지 정리를 해주는 것이다.

"그동안 안전하게 이 터에서 보호해주셔서 감사합니다."라는 인사 한마디 남기고 떠난다면 에너지적으로도 깔끔하게 신고하고 마무리가 되는 것이다. 우리가 이사 신고를 하듯, 신의 세계에도 신고가 필요한 법이다.

그 옛날 우리 조상들은 집터를 비롯한 가택 곳곳을 수호하는 수호신이 있다고 생각하였는데 집을 보호하고 지켜주는 성주신, 부엌을 관장하는 조왕신, 집터를 관장하는 터주신 등이 있어서 집을 지을 때 가택의 신들에게 제사를 올리곤 하였다.

과거와 달리 현시대에는 지금의 시기에 맞게 이사를 나갈 때는 조용히 마음속으로 "그동안 보호하고 지켜주셔서 감사합니다."라는 마음을 가지면 될 것이다.

터와의 이별은 곧 과거와의 이별이기도 하다. 과거의 묵은 때를 정리하고 새로운 흐름으로 나갈 수 있는 것이 이사이기 때문에, 이사를 할 때 새집에 새 가구가 들어오듯, 우리의 마음도 새 마음가짐을 가져야 할 것이다. 그래서 터와의 이별과 만남은 사람과 사람의 만남만큼 중요한 만남이 된다.

인연의 성장스토리

인생의 파노라마

사람마다 인생의 성장스토리가 있다. 어떤 사람의 인생이든, 드라마 같지 않은 인생이 없듯, 자신에게 있어 자기 인생은 한 편의 드라마와 같다. 이러한 인생 스토리를 살펴보면 중요 코드를 발견할 수 있다. 인생의 스토리를 살펴보려면 한 사람 인생을 파노라마처럼 살펴봐야 하고, 그때그때 중요한 인연들을 만나게 됨을 알 수 있다. 이러한 인생 파노라마는 자서전 등에서 주로 볼 수 있는 이야기들이다. 이러한 이야기 가운데 루이뷔통[5]의 스토리를 통해 인연과의 관계성을 살펴보려 한다.

· 나를 단련시키는 인연

어떤 인연은 함께 머물다 가기도 하고, 어떤 인연은 나를 밀어내기도 하며, 어떤 인연은 함께 나아가기도 한다. 부모와 형제는 인생의 전

---

5 Louis Vuitton (1821-1892) 프랑스 명품 브랜드 창시자(1854년)

반기를, 배우자와 자식은 인생의 후반기를 지배한다. 사람의 인생은 전반전이 좋은 사람과 후반전이 좋은 사람으로 나눌 수 있다.

루이비통은 전반전보다 후반전이 좋은 사람이며, 죽어서 더 이름을 남긴 사람이다. 루이비통은 1821년 프랑스의 산골지역에서 태어났다. 숲이 우거진 지역이라 동네 사람들 모두 목공을 하는 부락이었는데, 루이비통은 새어머니가 들어오면서 13살에 집을 나오게 된다.

여기에서 만약 새어머니가 루이비통에게 잘해줘서 그를 내몰지 않았다면 루이비통의 인생은 달라졌을 것이다. 즉 인연의 밀어냄이 있었기 때문에 루이비통이 고향을 떠나 파리로 이동할 수 있었다는 점이다. 그런 관점에서 본다면 루이비통의 새어머니는 루이비통에게 제대로 역할을 잘한 것이 된다. 비록 인연 간의 트러블이 그를 밖으로 내몰았지만 그로 인해 루이비통의 인생 항로가 결정되었기 때문이다.

부모 또는 형제와의 트러블은 자신을 밖으로 내몰기도 한다. 나가야 할 시점인데 나가지 않으면 구박이 들어오는 법이며, 가족 간에 서로를 치고 있다는 뜻이다. 이럴 때는 잠시 떨어져 있는 것이 좋다. 부모님이 자신을 닦달하며 못살게 굴 때, 서로 간의 의견을 더 이상 조율할 수 없을 때, 이런 때는 빨리 집을 나가라는 신호로 받아들이면 된다.

꼭 잘해줘서 옆에 붙어있게 만드는 인연만 선연이라 생각하지 말라! 나를 성장시키는 인연은 물질적으로 잘해주는 인연이 아니라 자신이 가야 할 길로 인도하는 인연이다.

· 나를 이끌어 주는 인연
루이비통은 자신의 운명에 중요한 3명의 인연이 있었다. 첫 번째 인연은 나무상자 제작의 길로 들어서게 만든 '마레샬'이라는 장인이다. 루이비통은 마레샬의 공방에 들어갔고, 그 밑에서 도제생활을 하였다. 마레샬을 만남으로 인해 파리에 정착할 수 있었고, 또 그 업(나무상자 제작과 포장)을 하도록 이끌어준 선생과 같은 사람이다. 즉 나무상자 제작에 발을 들여놓을 수 있도록 문을 열어준 인연이다.

두 번째 인연은 루이비통이 메종을 열고 그 맞은편 의상실을 하던 '쿠튀리에 워스'이다. 쿠튀리에 워스는 영국출신 디자이너로 오뜨꾸띠르 창시자이다. 그는 사교계의 여성이라면 한 번쯤 입어보고 싶은 드레스를 만들었고, 그 당시 사교계 귀족들에게 옷을 납품하고 있었다. 워스를 만나면서 시골 출신 루이비통은 명품에 대한 개념을 한 단계 끌어올릴 수 있었고, 보는 눈을 높일 수 있게 되었다.

· 나를 인정해 주는 인연

루이비통의 운이 발복을 하게 된 계기는 그 당시 나폴레옹 3세의 왕후인 '외제니[6]' 왕후를 만나면서부터이다. 외제니를 만나게 된 계기는 아무래도 쿠튀리에 워스를 통해 연결되지 않았나 한다. 왜냐하면 워스가 왕실에 드레스를 납품하고 있었고, 여행시 드레스를 담을 상자가 필요했을 터이기에 마침 맞은편 루이비통 메종에서 상자포장을 하고 있었으니 자연스럽게 연결되었을 것으로 본다.

그 당시 프랑스에 증기기관차가 들어오고, 여행이 대중화가 되면서 사람들은 이동할 가방이 필요했다. 시대적 필요성과 자신의 재능을

---

6 외제니 드 몽티조(1826~1920년)는 스페인계 귀족으로서, 후에 나폴레옹 3세와 결혼하여 프랑스의 황후가 되었다.

알아보는 인연이 결합되면서 루이비통은 발복(發福)하게 된다. 외제니는 루이비통를 성공시키는 최고의 고객이 되었다. 그 당시 왕실에 납품하는 것만으로 큰 거래처를 트게 된 것이고, 이로 인해 루이비통은 성공의 가도를 달리게 된다.

외제니는 루이비통의 세 번째 인연에 해당된다. 루이비통의 재능을 인정해준 인물이며, 힘 있는 고객이었기에 루이비통이 클 수 있었던 것이다. 성장을 하려면 자신보다 큰 인연이 들어와 이끌어주어야만 성장을 할 수가 있다. 또한 자신의 재능을 알아주는 인연을 만날 때 발복이 된다.

· 내가 성장시켜야 하는 인연

자신이 어느 정도 성장을 하게 되면 내가 이끌어주어야 하는 사람들이 찾아오게 되고, 이 사람들을 잘 성장시켜야 할 의무가 생기게 된다. 루이비통이 마레샬의 도제로 있을 때 마레샬은 루이비통을 이끌어준 인연이었다. 마찬가지로 자신의 제자 혹은 직원이 어느 정도 성장을 하면 잘 키워서 내보내줘야 한다.

일례로 루이비통은 신제품의 상자케이스를 만들었고, 이 제품이 불티나게 팔리자 밑에 있던 제자가 따로 가게를 차려 그 제품을 판매하였다. 루이비통 입장에서는 배신을 당했다고 생각할 수 있다. 어떻게 생각하느냐에 따라서 천차만별의 깨달음으로 접근할 수 있는데 그 제자가 다 성장했기 때문에 떨어져 나간 것이다. 루이비통은 그 제자를 원망하는 대신 새로운 제품을 만들었다. 당시에 유행하던 가방은 위가 볼록한 가죽제품들이었다. 그러나 루이비통은 기차 화물칸에 맞춘

편편한 상자케이스를 기획하여 대박이 났다. 루이비통은 배신당해 비통해할 시간에 새로운 제품을 기획하였고 그로 인해 더 성장하였다.

발복의 시기는 시대적 상황과 인연의 조합이 맞아떨어져야 한다. 자신을 인정해 주는 인연을 만나도 시대적 상황이 맞아떨어지지 않으면 운을 타지 못한다. 반대로 시대적 상황을 맞이하였는데도 큰 인연을 만나지 못하면 크게 알려지지 않는다. 힘 있는 사람과 재능 있는 사람이 만나고 시대적 상황과도 맞아떨어지면 크게 발복이 될 수 있다.

재능과 재주가 있는 사람은 자신을 이끌어 줄 인연을 만날 때까지 자신의 재능과 재주를 키우고 있어야 하고, 힘 있는 사람은 재능과 재주가 있는 사람을 알아보고 키워줘야 한다. 그래야 힘 있는 사람도 빛나고, 재능 있는 사람도 빛날 수 있기 때문이다.

2장

인연과 시대의식

시대가 요구하는 삶

관념과 시대의식

너와 나의 생각이 쌓이고 쌓여 더 좋은 미래를 이끌어갈 생각들이 탄생하고 이러한 생각들이 퍼지기 시작할 때, 이것이 바로 시대의식을 이끄는 힘이 된다.

'시대의식'이란, 이 시대를 살아가고 있는 사람들에게 이해되고 통용되는 생각들이다. 시대는 점점 빠르게 변하고 인간의 생각과 관념도 빠르게 변한다. 과거 국가시스템을 이끌어가던 생각이 현재에 와서는 낡은 생각, 낡은 관념이 되어버리듯, 시대는 빠르게 변하고 그에 맞게 인간의 생각도 빠르게 변한다. 결코 변할 것 같지 않았던 일들이 지금 시대에는 모든 관념이 무너져 내리고 새로운 생각들로 대체되고 있다. 그리고 보면 우리가 지금 쓰고 있는 관습과 법도 시간이 흐르면 낡은 구시대의 법이 되어간다는 것은 당연한 이치다.

제사를 목숨같이 지내던 시절이 있었고, 남자는 밖에서 일하고 여자는 내조하던 시절이 있었으며, 자식이라는 씨줄을 반드시 이어야 하던 시절도 있었다. 여자는 담배를 피면 안 되던 시절도 있었고, 남자는 부엌에 얼씬거리지 않았던 시절도 있었다. 그러나 지금은 시대의식이 바뀌었다. 여자와 남자의 역할이 바뀌기도 하고, 안 되는 것이 되기도 하고, 불과 20~30년 전에는 정답이라 생각했던 것들이 지금은 꼭 정답이 아닌 것들이 되어있곤 한다. 그만큼 이 사회는 빠르게 변하고 있고, 더 나은 것, 더 새로운 것, 더 이로운 것을 찾아가고 있다.

우리의 생각은 빠르게 진화하는데 시스템의 틀이 아직 과거에 머물러 있기에 생각과 틀의 아귀가 잘 맞지 않게 돌아가는 상황이 벌어졌다. 다르게 비유하자면 아이 때 신었던 신을 어른이 되어서도 신으라고 하니 발이 불편하고 안 맞듯, 지금 우리가 지배받고 있는 법은 우리의 의식이 성장하기 전의 시스템 틀이라는 점이다.

사람이 모두 성장하였으면 성장한 사이즈에 맞는 옷과 신발이 필요하듯, 우리에게 맞는 법과 시스템이 필요하다. 자라난 시대의식에 맞게 법이나 시스템의 틀이 바뀌어야 한다.

시대가 요구하는 수준은 한 차원 높아졌기 때문에 기존 틀에서 수정하기보다는 전면적으로 나라를 개조하는 수준으로 바꾸어야 하는 상황에 이르렀다. 즉 법이나 틀이 시대의식을 앞질러 미래를 준비하는 시스템으로 깔려야 그 시스템을 바탕으로 많은 사람들이 성장할 수 있는 법이다.

시스템이나 법뿐만이 아니라 시대적 관념도 재조정을 해야 하는 시기에 다다랐다. 과거가 미래를 발목 잡는 상황들을 청산하고 좀 더 혁신적인 미래사회를 준비해야 할 시간이 도래하였다. 기술은 최첨단을 달리지만, 사람들의 의식이 과거에 머물러 있다면 한 발자국도 미래로 나아갈 수가 없다.

현재 법의 테두리 안에서 법의 적용을 받고 있지만, 우리에게 적용되는 이 법이 과연 우리의 시대의식에 맞는 법인가를 다시 한번 생각해봐야 한다. 오래된 법을 고치고 고쳐 누더기 법이 되었듯, 지금의 법 체계와 국가시스템은 완전히 새롭게 바뀌어야 하고, 우리의 관념을 뛰어넘어 미래를 대비할 시스템을 준비해야 할 것이다.

시대가 요구하는 삶을 살아라!

과학기술의 발전으로 세상은 점점 편리해지고 있으며, 풍요로운 세상을 만끽하고 있다. 지금 시대를 살고 있는 젊은이들은 풍요가 가져다준 선물을 받았고, 그 대가만큼의 무언가를 산출해내야 하는 역할을 부여받았다.

세상은 공짜가 아니다. 받은 만큼 내어놓아야 하는 것이 이치이다. 기술 문명이 가져다준 편의는 그저 먹고 마시고 놀라고 주어지는 것이 아니며, 그에 합당한 무언가를 내놓아야만 하는 숙제를 안겨주는 것이다.

80년대 도스 컴퓨터 시대를 지나,
90년대 컴퓨터 통신 시대를 거쳐,
2000년대 인터넷 환경이 구축되고,

2010년대 스마트 환경이 구축되었으며,
2020년대 유비쿼터스 환경이 구축될 것이다.

인터넷 혁명을 거쳐, 스마트 혁명의 시대가 왔고, 인터넷 선이 연결되지 않고 내 손안에서 인터넷이 되는 세상이다. 그 어떤 때보다도 정보를 습득하기에 좋은 환경이 구축되었다. 시대는 IMF 전과 후로 나뉜다. IMF 전이 아날로그 시대라면, IMF 이후는 디지털시대가 된다.

이 시대는 누구나 관심만 있으면 어떤 정보든 쉽게 습득할 수 있다. 아니 환경이 만들어졌기 때문에 자연스럽게 그러한 환경에 접해 들어가는 것이다. 그래서 지금의 환경에 맞게 나이 든 분들도 스마트폰 사용법을 배우고, 정보습득 방식을 배우고 있다. 젊은 10대, 20대들은 어려서부터 이런 환경 속에서 정보를 습득하는 것이 자연스럽지만 나이 든 분들은 그만큼 더딜 수밖에 없다.

지금의 10대, 20대가 풍요와 더불어 기술발전의 혜택을 누리는 만큼, 부모님 세대보다 더 많이 공부하고, 더 많이 정보를 습득해야 한다. 왜냐하면 지금의 20대는 글로벌 환경에서 놀아야 하기 때문이다. 10대, 20대들에게는 정보를 습득할 수 있는 최상의 환경이 주어졌고, 환경이 주어진 만큼 빠르게 정보를 습득하고 배워야 한다.

공부할 수 있는 환경이 주어졌다는 것은 모두 공부를 하라는 뜻이다. 20대도, 40대도, 시대가 요구하는 환경 속에서 정보를 습득하라는 뜻이다.

과거에는 몇 시간이나 걸려서 찾아야만 했던 정보들이 바로 내 손안에서 1분 안에 찾아지는 세상이다. 정보를 찾는 데 있어서 시간이 단축된 만큼, 짧은 시간에 빠르고 많은 정보를 습득해야 한다. 또한 지금은 외울 필요가 없는 세상이다. 전화번호를 외울 필요도 없고, 길을 외울 필요도 없다. 전화번호는 스마트폰이 찾아주고, 길은 네비게이션이 찾아준다. 우리는 그저 기계의 도움으로 빠르게 할 일을 처리하면 된다.

시간의 단축은 그만큼 여유시간을 만들어냈고, 여유시간에 과연 무엇을 할 것이냐의 문제에 봉착한다. 그래서 요즘은 만나서 먹고 이야기 나누는 문화가 활성화되었다. 셰프가 대세이고, 맛집이 융성하는 시대이다. 맛있는 음식도 많고, 재능 있는 사람도 많이 배출되었다. 더 좋은 질의 음식을 먹는 만큼 더 많은 무언가를 내어놓아야 한다. 풍요는 그냥 주어지는 선물이 아니다.

지금은 있는 정보를 잘 활용하는 세상이다. 정보는 이미 세상에 다 나와 있고, 나와 있는 정보를 얼마나 어떻게 통합을 해서 잘 활용하느냐가 관건이다. 그래서 지금은 통합의 시대이다. 통합하기 위해 인터넷을 활용하고, 사람을 만나 이야기를 나누고, 그렇게 정보를 습득하는 것이다.

지금의 시대는 시대가 요구하는 삶이 있다. 물질적 환경은 모두 세팅이 되었고, 이제는 이 환경 속에서 무엇을 어떻게 통합할 것인가를 생각해야 한다. 그래서 지금은 완성의 시대가 된다. 시대적 흐름을 따라가라! 그리고 시대가 요구하는 삶을 살아라!

인연을 선택하는 시대

과거 우리 부모님을 비롯한 그 이전 세대들은 결혼과 이혼이 마음대로 안 되던 시절이 있었다. 스스로 선택해서 결혼을 할 수도 없었을 뿐더러 이혼조차도 쉽게 되지 않았다. 만남과 헤어짐에 대한 결정권이 스스로에게 있는 것이 아니라 부모에게 결정권이 있었다. 부모는 자식들의 만남을 결정해주고, 한 번 결혼을 하면 그 집에 뼈를 묻으라 했다. 결혼이란 여자들에게 전적으로 불리한, 참고 살아야 하는 인고의 세월이었다. 결혼을 할 때는 철저히 사주에 의해 궁합을 맞춰보고, 집안끼리의 급수를 맞추어 결혼을 하였다. 그 당시는 씨를 잇는 것이 인륜지대사였기 때문에 어떻게든 씨를 잇는데 그 목적성을 두었다. 그러나 시간이 흐르면서 세상은 바뀌었고 관념도 바뀌었다. 더 이상 옛날 방식으로, 옛날 마인드로 살다가는 화병 나는 세상이 되었다.

여자들의 주권이 세어진 만큼, 여자들이 돈을 버는 만큼, 남자들에게 전적으로 경제를 책임지게 하지 말아야 한다. 남자들이 경제를 책임질 때는 여자들이 남자에게 맞추어 살아야 했지만, 지금은 시대가 변했다. 주권을 행사하려면 스스로 경제력을 갖춰라!

지금의 시대는 만남과 헤어짐이 자유로운 시대이다. 2000년을 기점으로, 인터넷 기반이 구축되면서, 만남과 이별의 시간 타이밍이 빨라졌다. 빨리 맞춰보고, 빨리 아니다 싶으면 헤어지는 시대가 되었다. 즉 자유롭게 이혼을 할 수 있는 시대가 되었다는 뜻이다. 언제든 뜻이 맞지 않으면 이혼을 할 수 있는 시대이다. 이제는 이혼이라는 것 자체가 흠이 되는 세상은 아니다. 한 집 걸러 한 집 이상 이혼 가정이 많아지고,

새로운 가정이 탄생하고 있으며 새로운 가족 형태가 생겨나고 있다.

시대적 관념은 시간이 흐르면서 바뀌어 나간다. 기존의 관념을 고수하면 고수한 시간만큼 자신의 인생을 힘들게 묶어두고 만다. 어떤 생각과 사상이든 시대가 받아들이고, 모든 사람들이 그렇게 믿으면 그 생각이 관념화가 되는 것이다. 관념화가 된다는 것은 시대가 받아들여 고착화된 생각들이다. 이러한 관념조차도 시간이 흐르면 또다시 변하고 바뀐다.

이것은 꼭 이래야 한다. 이렇게 살아야 정답이다. 이런 것이 맞다라는 것은 없다. 사람들마다 생긴 모습이 다르듯, 각자 인생이 다 다르다. 같은 인생을 살 수 없듯, 남 인생을 부러워하지 마라! 자신만의 인생은 자신만이 살 수 있고, 자신만이 해결할 힘이 있다는 것을 명심하라!

이제는 스스로 인연을 선택하는 세상이다. 스스로 선택하는 만큼 스스로 책임을 져야 하는 시대이기도 하다. 시대적 흐름에 물처럼 흘러가라! 만나는 것은 쉬울지 몰라도 헤어지는 것은 그만큼 어렵다. 감정이라는 접착제가 한번 붙으면 잘 떨어지지 않기 때문이다.

자신과 뜻을 맞출 수 있는 사람을 찾아라!
자신과 이야기가 잘 통하는 사람을 만나라!
끼리끼리 만나라! 그래야 그나마 잘 산다.

홀로 자립하는 시대

지금의 시대는 홀로 자립하는 시대이다. 과거에는 서로 도우며 살아야 했던 세상이었다면, 지금의 세상은 홀로 자립하며 살아야 하는 시대이다. 과거 시대에는 물질적으로 풍족하지 않았기 때문에 서로 도우면서 자신의 부족한 부분을 채웠다면, 지금의 시대는 만능의 시대라서 스스로 정보를 얻고, 스스로 사는 방법을 터득해야만 하는 시대이다. 남자들도 밥을 혼자 차려 맛있게 먹을 수 있게 TV에서는 남자 셰프들이 나와 음식 만드는 법을 가르친다. 그만큼 혼자 사는 인구가 꽤 많아졌다는 뜻이다. 결혼을 해도 주말부부를 하던가, 기러기 아빠를 하던가, 독신으로 살던가, 등등… 먹는 것을 혼자 해결해야만 하는 상황들이 많기 때문에 식생활 부분에 있어서 남성들이 여성들에게 의존하는 시대는 이미 끝이 났다. 즉 더 이상 남성들이 여성들에게 아침밥을 얻어먹기는 힘들다는 뜻이다.

역할분담에 있어서 관념을 깨야 한다. 농경시대에는 여자가 밭도 메고, 밥도 했다. 산업발전시대에는 여자가 부엌살림을 맡고, 남자가 돈을 벌어왔다. 지금의 스마트 시대는 여자도 남자도 각자 알아서 돈 벌고, 밥은 사 먹는 시대이다.

여자도 남자에게 경제적으로 의존하는 시대가 지났다. 돈 잘 버는 남자에게 시집가서 아기 키우며 살림하겠다는 마인드를 가진 여성이 있다면 생각을 바꿔야 한다. 요즘 남자들은 내조하는 여자보다 돈 잘 버는 여자를 더 선호한다. 꼭 이래야만 한다는 관념을 깨야 한다. 왜냐하면 세상은 계속 변하고 관념도 변하기 때문이다. 남자든 여자든 경제적 자립은 필요하다. 상대에게 의존하면서 매달리던 시대는 지났다.

혼자 밥 먹고 혼자 논다고 창피해 하지 마라! 이미 다들 자립하고 있다. 자립한다는 것은 나무가 가지를 틔우는 것과 같다. 함께 의존해서 가야 할 때가 있고, 각자 홀로 가야 할 때가 있다.

부모로부터 독립하고, 자신과 마음이 맞는 한 사람만 찾아라! 물질적인 부분은 스스로 자립하려 노력하고, 마음은 서로 나누면서 가라! 또한 홀로 자립하면서 부족한 부분은 서로 마음이 맞는 사람끼리 나눠라!

마음이 맞을 때 서로 물질을 나눌 수 있는 법이지, 마음이 안 맞을 때는 죽어도 나누고자 하는 마음이 생기질 않는다. 홀로 자립을 하는 시대는 개인화를 가속시킨다. 그렇다고 개인화가 그렇게 나쁜 것만은 아니다.

혈육으로 엮인 카르마의 고리를 끊는 차원에서 개인화는 더욱 가속이 되어야 한다. 고리가 끊겨야 비로소 뜻과 뜻이 만나 새로운 가족 형태를 이룰 수 있기 때문이다.

가지가 올라와야 가지 끝에서 꽃이 핀다. 지금은 개개인이 꽃 피우는 시대로 향해 가고 있다. 우리는 목적지를 향해 함께 갈 때가 있고, 혼자 갈 때가 있다. 혼자 걷는 것을 두려워 말라! 어느 순간 너와 같은 길을 걷는 사람들을 보게 될 터이니….

신의 나라, 대한민국

연예무당사업

TV가 없던 옛날에는 무당들이 옷을 곱게 잘 차려있고 북과 장구 치는 사당패와 더불어 마을 중심에서 춤을 추고 연기를 하며 사람들의 마음을 달래주고 어루만져 주었다. 사람들은 무당의 행위 속에 감정이입을 하며 눈물 콧물을 쏟아내었고, 그 과정 속에서 자신들의 사념을 배출하였다. 지금의 시대는 무당이 아닌 연예인이 무당의 일을 대신하고 있다. TV가 보급되면서 연예인들은 미디어매체를 통해 자신들의 끼를 드러내게 되었다.

이제 대한민국의 연예무당사업은 세계화가 되어가고 있고, 좀 더 질좋은 컨텐츠들이 많이 개발되고 또 창조되어야 한다. 지금까지 연예무당사업의 주축이 되었던 할리우드가 이제 한물가고 있고, 누가 이 연예무당판을 주도하느냐에 따라서 앞으로의 전망은 달라진다. 문명을 전파하는데 연예무당만큼 좋은 것은 없다. 할리우드의 영화가 우리 사회에 들어오면서 많은 영향을 끼쳤듯이 앞으로 우리나라의 연예무당도 세계적인 영향력을 끼쳐야 한다.

우리나라는 작은 땅덩어리에 기가 촘촘히 몰려있기 때문에 몸 쓰는 노동력 말고 머리를 쓰는 아이디어와 기술력으로 먹고 살아야 한다. 한민족처럼 영리하고 머리가 좋은 민족은 정신적인 컨텐츠를 창출해야 한다. 물질의 판은 거의 완성되었다. 이제 이 기술력과 물질판을 이용한 컨텐츠는 누가 창조할 것인가의 문제에 당면하였다. 인터넷 보급률과 스마트폰 보급률이 어느 나라보다 빠르고 우리나라 사람들의 성향상 '너도 알면 나도 알아야 하고', '너도 가지면 나도 가져야 한다'는 '우리'적 마인드가 촘촘한 의식 네트웍망을 이루었고, 동시반응을 하게끔 상황이 흘러가고 있다.

의식이 퍼지는 속도는 순식간에 이루어진다. 과거에는 한마을에서 전쟁이 일어나도 다른 마을에서는 모르던 시절이 있었지만, 지금은 방 안에서 세계 돌아가는 꼴을 훤히 꿰뚫어 볼 수가 있다. 따라서 이 물질네트웍망에 어떤 컨텐츠, 어떤 생각, 어떤 마인드가 뿌려지느냐에 따라서 사람들의 의식을 좌지우지할 수 있기 때문에 우리나라는 세계 문명의 정신적 핵을 가진 나라로 발돋움해야 한다.

사람들의 마음을 움직일 수 있는 질 좋은 컨텐츠가 많이 개발된다는 것은 좋은 일이다. 다만 중요한 것은 우리의 분별력이다. 수많은 정보의 홍수 속에서 무엇이 진실이고 무엇이 거짓인지 눈과 귀를 열고 분별할 줄 알아야 한다. 내가 주체성을 가진 한 인간으로 사느냐, 아니면 위에서 흔드는 대로 흔들리는 꼭두각시 인생으로 사느냐, 선택은 자신의 몫이다. 그리고 책임 또한 자신의 몫이다.

독점력이 강한 한국인

한국인은 어떤 민족보다 가문줄이 강하다. 가문줄이 강하다는 것은 조상의 기운이 강하게 내려오고 있다는 뜻이다. 우리나라 사람들은 오랜 시간 씨줄을 이어온 민족이고, 윗대의 염원을 후손들에게 강하게 입식시킨 민족이기도 하다. 그만큼 영혼 에센스 농도가 진하고, 끌어당기는 자력이 강하다.

우리나라 사람들은 독점력이 강한 민족이다. 독점력이 강하다는 것은 끌어당기는 자력이 세고, 보호하고 지키려는 방어막 또한 강하다는 뜻이다. 독점력이 강한 사람은 자기만의 질서를 확립하려는 성향이 강하고 더불어 배타성도 띠고 있다. '내 질서 속에 들어오거나, 아니면 나와 적이 되거나'라는 속성이 강하게 나타나는 것이다. 그만큼 개개인의 에너지 농도가 진하고, 자력이 세기 때문에 나오는 반응들이다. 반면에 자신의 에너지권이나 질서 속으로 들어오면 가르쳐주고 베풀어주며 또한 내어주려는 속성도 강하게 나타난다.

독점력은 세계를 지배하는 우두머리가 갖춘 힘이기도 하다. 록펠러도 그랬고, JP모건도 그랬고, 미국의 자본시장을 구축한 이들 모두 독점권을 가지려 했고, 또 독점권을 가진 뒤 자신만의 질서를 구축하였다. 사실 기운이 큰 사람일수록 독점력이 강하다. 상대를 지배하려는 욕구는 독점력으로 나타난다. 이러한 지배적 욕구는 가족들에게도 해당되는 이야기다. 자식들을 강하게 지배하려는 속성은 자식들을 묶어놓게 되고, 자신들이 못다 이룬 한이나 염을 강하게 주입시키면 자식들은 그 에너지에서 헤어나오지 못한다. 이러한 한(恨)과 염(念)은 가문 대대로 내려오게 되고, 보이지 않는 에너지를 형성하면서 가문의 기운 줄을 만드는 것이다. 그래서 우리나라 사람들이 카르마가 센 것이다.

우리나라 사람들은 혈육 간 감정의 에너지가 강하게 뭉쳐지고 얽혀 있다. 또한 서로를 지배하고 독점하려는 마음은 서로를 가두고 서로를 묶어둔다. 마치 하나의 얽힌 실타래처럼 카르마가 뭉쳐있기에 가족이 가족을 치고, 민족이 민족을 치며, 우리들끼리 치고받고 하는 것이다.

이 작은 한반도 안에 기운이 센 사람들이 엉켜있어서 헐뜯고 경쟁하며 스트레스를 받는 것이다. 그래서 우리나라 사람들끼리는 어느 정도 거리를 벌려놓아야 한다.

우리나라 사람들이 외국에 나가면 우리나라 사람끼리는 묘하게 주파수가 당겨져 들어오기 때문에 멀리서도 한국사람인지를 금방 알아챌 수 있다. 외국에 나가서는 일정 부분 서로의 간격을 두려는 속성이 강하게 나타나지만, 서로 주파수가 맞아서 끌어당겨지면 자석처럼 붙게 된다. 밀어낼 때는 강하게 밀어내다가도, 한번 붙으면 강하게 당기는 속성이 있다.

그러나 대체로 독립 성향이 강한 것이 한국인이다. 외국에 나가서는 한국인의 터치나 눈치를 받고 싶지 않아 하는 사람들이 많은 것은 사실이다. 이 나라 안에 있을 때는 서로가 서로를 감시하듯 하기 때문에 어떤 행동들에 보이지 않는 관습이 부여되지만, 외국에서만큼은 그러한 관습과 생각들에 매이고 싶지 않기 때문으로 보인다.

우리나라 사람들은 선과 악을 동시에 품고 있는 민족이다. 베풀 때는 한없이 베풀다가도 무자비할 때는 어떤 민족보다도 잔인한 민족이다. 그리고 남이 먼저 성공하는 꼴을 잘 못 보는 민족이기도 하다. 내가 먼저 성장해서 돕고 싶다는 지배의식이 강하기 때문에 서로의 발목을 잡고 있는 것이다.

'먼저 가지 말고 함께 가자'라는 동질의식이 무의식에 잠재되어 있고, 개개인이 독립적인 듯 보이지만 우리는 하나의 의식 공동체로 움직이고 있음을 알아야 한다. 결국 결승점에 혼자 먼저 들어가는 사람은 없게 된다.

씨를 잇는 시대에서 인간을 만드는 시대로

우리나라는 대표적인 귀(鬼)와 신(神)의 나라이다. 조선시대 500년 동안, 우리나라는 조상을 섬기고, 제사를 지냈으며, 씨를 잇는 것이 인생의 목적처럼 인간의식을 지배하고 있었다. 지금은 생각이 많이 바뀌었지만 우리 부모세대까지는 위의 관습에 크게 영향을 받는 세대들이었다.

인간사 모든 행위가 귀와 신에게 맞추어져 있기 때문에 어떤 일을 진행할 때 신의 차원에서 보살펴 주십사 제(祭)를 지내었고, 자손이 잘 풀리도록 좋은 땅에 죽은 자를 모셨으며, 죽은 자를 기리기 위해 꼬박꼬박 제사를 지냈다. 조상을 지키기 위해 웬만해선 지역을 벗어나지도 않았으며, 전쟁이 터져도 터를 버릴 수 없어 피난을 못 간 사람들도 많았다. 또한 죽을 때는 연어처럼 자기고향으로 돌아가야 한다고 생각했다.

죽은 영혼이 산 자의 삶에 영향을 미친다는 생각은 신을 두려워하게 만들었다. 마치 제사를 안 지내면 일이 안 풀리고 복을 안 줄 것 같고, 못자리를 잘못 쓰면 자손이 안 풀릴 것 같이 느끼기도 하였다. 즉 신을 두려워하는 마음이 인간으로 하여금 보이지 않는 신에게 종속되게 만들었다.

씨를 잇는 이유는 무의식중에 조상들이 다시 환생하기 위한 기운줄을 연결하기 위함이다. 그러한 이유로 결혼해서 대를 잇는 것은 인간사에서 매우 중요한 일 중 하나였다. 즉 씨를 잇는 것은 우리 민족에게 커다란 사명 중 하나였다. 지금은 씨를 잇는 시대가 끝이 났고, 완성된 인간을 만드는 시대이다.

우리는 우리 조상들의 완성품이다. 완성품은 완성품으로서의 빛을 발해야 한다. 제사를 지내는 세대는 부모세대까지이며, 지금의 젊은 세대는 스스로 완성품이 될 수 있도록 자신을 빛나게 가꾸어야 한다. 수많은 시행착오를 겪으며 힘들게 이어온 씨줄의 완성이 당신인데 당신은 그것을 잘 모르고 있다.

인간의 의식이 관념을 만들고 그 관념은 다시 인간을 지배한다. 관념을 만드는 것도 인간이요, 관념을 부수는 것도 인간이다. 인간의식이 천국도 만들 수도 있고, 지옥도 만들 수 있는 것이다.

귀와 신에게 종속되는 시대는 끝이 났다. 지금은 인간이 의식을 만들고 지배하는 시대로 변모하고 있다. 스스로 우뚝 서라! 당신은 조상들이 만들어낸 최고의 완성품이다.

인생의 후반전을 준비하라

100세 시대에 무엇을 해야 할까

사람들은 일을 할 때 누군가 시켜서 하는 일보다 내가 스스로 찾아서 하는 일에 더 애정을 쏟고 정성을 들인다. 누군가 일을 시켜서 하는 일과 내가 내 일이라 생각하고 하는 일은 결과물에 있어서 어마어마한 차이가 생긴다.

직장에 다니는 사람이라면 '회사 다닐 때가 좋은 거야'라는 말을 퇴사한 선배들에게 들었던 적이 꽤 있을 것이다. 생각해보면 회사 다닐 때는 적당히 위에서 시키는 일도 하고, 돈도 받고 안정된 생활을 누릴 수 있다. 그러나 막상 회사를 그만두고 사회에 나오면 특히 명퇴하거나 직종을 바꾸고자 나온 사람들은 선택의 갈림길에 서게 된다. 다시 회사에 들어갈 것인가? 장사라도 해야 할 것인가?

여성들도 마찬가지다. 직장에 있을 때는 위에서 시키는 일을 하면 되었지만, 직장을 그만두고 나오는 순간, 스스로 일을 찾아서 해야만 한다. 직장을 다니면서 위에서 시키는 일만 기계처럼 반복하고 있었다면 나중에 직장을 그만두고 사회에 나와서는 그 일 외에 다른 일은 할 수가 없다. 그래서 다시, 자신이 다니던 업종과 비슷한 일을 찾아 들어가는 수밖에 없다. 나이라도 젊다면, 직장을 그만두더라도 다시 무언가를 새로 시작할 시간이라는 것이 주어진다. 그러나 나이가 들면 다시 시작하는 것이 힘들다. 그래서 나이 50이 되면 선택의 순간을 맞이하게 되는 것이다. 그동안은 직장이라는 보호막이 나를 지켜주는 울타리가 되어주었지만 직장이라는 보호막이 사라졌을 때, 과연 무엇이 남을 것인가라는 명제를 항상 생각해야만 한다. 100세 시대이기 때문에 직장을 그만두고 나서 무엇을 해야 할까 항상 고민해야 하는 상황에 처하게 된다.

- 자신이 현재 하고 있는 일이 재미있는가?
- 자신의 재능을 충분히 발휘하고 있는가?
- 미래에 비전이 있는 일인가?

위와 같은 명제를 두고 만약 억지로 할 수밖에 없는 일을 하고 있거나 혹은 따분하고 재미가 없는 일을 반복한다면, 자신의 재능을 다시한번 찾아봐야 한다.

- 어떤 일을 할 때 재미있었는가?
- 그 일로 돈이 될 수 있는가?
- 사람을 이롭게 하는 일인가?

인생을 전반전과 후반전으로 나누어서 나이 50까지가 전반전이라면,

100세까지가 후반전이다. 전반전에는 열심히 사회를 배우고 나서, 후반전에는 전반전에 벌어놓은 물질과 자원으로 자신의 재능을 세상에 펼쳐놓고 가야 한다.

축구도 전반전에는 상대의 힘과 기량을 탐색했다면, 후반전에는 실력과 기량을 보여줘야 하는 시간이 찾아온다. 만약 전반전에서 제대로 한 것이 없다면 후반전도 또다시 배우면서 시간을 보내게 된다.

젊음은 돌도 씹어먹는다는 얘기가 있듯이, 젊음은 모든 가능성이 펼쳐져 있는 시간이고, 자신이 하고 싶은 것을 하고 실패해도 다시 돌이킬 수 있는 여력의 시간이 주어지지만, 나이가 들면 절대 돌릴 수 없는 것이 시간이다.

지금 같은 세상에 직장이라는 백그라운드가 있다는 것은 한편으론 축복이다. 큰 회사든, 작은 회사든 돈을 받고 안정된 생활을 영위할 수 있고, 해야 할 업무가 주어지고, 자신의 일만 제대로 처리하면 돈이 나온다. 이 얼마나 좋은 환경인가 다시 한번 생각해봐야 한다.

현재 직장에 다니고 있는 사람들 중 적당히 일하고 돈 받는 사람들이 많다. 아무 생각 없이 출퇴근을 반복하며 의미 없이 시간을 보내기도 한다. 이런 사람들은 직장에 다니는 동안 직장 이후를 준비하지 않으면, 명퇴 이후 할 일이 없어 백수로 눌러앉게 된다. 옛날이야 퇴직하고 노년을 쉬어도 되었지만 지금은 나이 60이 되어도 젊다. 또한 여성들도 결혼하고 집에서 놀 수만은 없는 세상이기 때문에 무언가라도 자기 몫을 해야만 하는 시대가 찾아왔다.

남성들이 50대에 명퇴를 하고 새로운 일을 준비하듯, 여성들은 아이들을 키워 대학까지 보내고 난 후의 삶을 준비해야 한다. 만약 자식과 남편 뒷바라지만 하고 있다면 어느 순간엔 스스로 허무함을 느끼는 시간을 마주하게 될 것이다.

스스로 빛이 나야 하는데 자식을 위해 살다 보니 자기는 없어지고 누구엄마로 살고 있는 모습을 발견하면 그때 비로소 허무감을 느끼기 때문이다. 물론 이분들은 자식 대에서 꽃을 피워야 하기 때문에 자식에게 올인하는 것이겠지만 이번 생에 스스로 꽃을 피워야 하는 사람은 뒤늦게라도 후회하면서 자아를 찾으려 할 것이다.

자아를 찾는다는 것은 자신도 사회를 위해서 무언가 의미 있는 일을 할 수 있다는 것을 아는 것이다. 내가 가진 재주와 재능이, 이 사회를 이롭게 할 수 있는 곳에 쓰일 수 있다는 것만으로도 살아있는 존재 의의를 느낄 테니까….

시대별 정보량

요즘 시대는 빠르게 정보를 받아들여 처리해야 하는 시대이다. 정보를 받아들이는 것이 느리면, 시대에 금방 뒤처지는 것처럼 느껴지기도 하는 시대이다. 그만큼 빠르게 정보를 흡수해야 하며, 너도 아는 것을 나도 알고 있어야 하고, 내가 아는 것을 너도 알아야만 하는 공유의 시대이기도 하다. 과거에는 서로 얼굴을 마주하며 정보를 전달했다면 지금의 시대는 서로 얼굴을 마주하지 않아도 정보를 전달할 수 있다.

IT발전은 시대의 흐름을 빠르게 만들었고, 처리해야 할 정보의 양도 많게 만들었다. 처리해야 할 정보의 양은 아래 세대로 내려갈수록 많아진다. 10~20대는 과부하가 걸릴 정도로 다양한 지식이 요구되기 때문에 그만큼 공부의 양이 많아진다. 즉 기본적으로 습득하고 배워야 할 정보의 양이 많다는 것이다.

그렇다면 왜 이렇게 아래 세대로 내려갈수록 정보의 양이 많아지는 걸까? 공부해야 하는 시기라서 정보의 양이 많다고 할 수도 있겠지만, 가만히 살펴보면 그 어떤 목적이 있는 듯 보인다.

이곳 한반도에 살고 있는 사람들에게는 어떤 특수한 목적이 있다. 어떤 특정 시점을 위해 준비를 해 들어가고 있는 것처럼, 그 시점에 다 같이 함께해야 할 무언가가 존재하기 때문에 일정 수준의 정보량을 필요로 한다.

IT환경이 구축되지 않았던 시절은 시간이 느리게 흘러갔고, 처리해야 할 정보의 양도 적었다. 그러나 IT기반이 깔리면서 10~20대들은 처리해야 할 정보가 배로 늘어났다. 즉 50대가 50년 동안 갖추어야 할 지식을, 지금의 20대는 20년 동안에 모두 갖추어야 하기 때문에 더욱 벅찬 것이다. IT가 없을 때에는 선생님 혹은 지식인으로부터 직접 얼굴을 맞대고 정보를 받아들였다면 지금의 시대는 스스로 정보를 찾아 들어가는 시대이다.

나의 경우도 돌이켜 생각해보면, 20대를 그냥저냥 보내고, IT기반이 깔리고부터 방대한 양의 정보를 받아들이기 시작했다. 즉 내가 40년 동안 흡수해야 할 정보의 양을 지금의 20대는 20년 동안 습득하고 있는 것이다.

내가 20대 때는 누가 나에게 생각하는 방법을 가르쳐 주지도 않았을뿐더러 어떠한 길도 알려주는 사람이 없었다. 그러나 지금은 조금만 관심을 기울이면 자신이 원하는 정보는 어디서든 얻을 수 있는 세상이 되었다.

정보를 습득하기에 정말 좋은 세상이 되었다. 따라서 지금의 20~30대는 자신들이 받아들여야 할 정보가 많다고 탓하지 마라, 계속 공부만 해야 한다고 불평하지 마라, 당신이 받아들인 정보가 무의미한 것일지라도 언젠가는 쓸모가 있을지도 모른다.

20~30대에게 할당된 정보량이 많은 이유는 글로벌 환경을 흡수해야 하기 때문이다. 이들의 재능은 국내용이 아니라 국제용이다. 10대, 20대, 30대는 국제로 나아가야 하기 때문에 부모님 세대보다 더 많이, 더 깊이 알아야만 한다. 그래서 더 많은 언어도 습득해야 하고, 더 많은 국제지식을 습득해야 하고, 더 많은 상식들을 알고 있어야 한다.

학교에서 배우는 공부뿐만이 아닌, 기본 소양과 더불어 박학다식한 정보력까지 갖추어야 세계로 나가도 기죽지 않고 당당하게 국제사회에 나설 수 있는 것이다. 국내사회를 위해 준비하지 말고, 국제사회에 쓸모 있는 사람이 되도록 준비하라. 좀 더 크게 세상을 보고, 더 많은 양의 정보를 흡수하면서 공부하라.

50대도 20년 동안 정보를 받아들였고
40대도 20년 동안 정보를 받아들였고
30대도 20년 동안 정보를 받아들였고
20대도 20년 동안 정보를 받아들였다.

지식과 정보량은 20대든, 30대든, 40대든, 50대든 다 비슷하다. 여기에서 차이를 만드는 것은 경험과 연륜 그리고 지혜와 통찰력이다.

40~50대는 과거에 다 못 채운 세상의 지식과 정보를 채워야 하고, 20~30대는 이미 정보를 받아들이는 환경이 갖추어졌기 때문에 사회 경험을 하면서 지혜를 만들어가야 한다.

3장

. . . .

도킹을 위한 준비

스스로 갖추는 시간

자신을 갖춘다는 건

별은 스스로 밝게 빛날 때 다른 별을 반사시키면서 서로 빛이 난다. 나는 서로가 서로를 빛내주는 '별빛 네트워크'를 만들고 싶다. 별빛 네트워크란, 내가 바른 삶을 살 때 타인까지 빛내줄 수 있는 삶이다. 각자 자신의 자리에서 밝고 당당하게 빛나는 것이다.

어떤 별은 끊임없이 빛을 먹어도 배가 고픈 별이 있듯, 사람도 마찬가지다. 결핍이 큰 만큼 상대의 기운을 블랙홀처럼 빨아들인다. 상대의 에너지를 먹은 만큼, 주변 사람들의 에너지를 먹은 만큼 화이트홀로 방출해야 한다. 그래야 그 빛을 받은 또 다른 별들이 빛이 난다.

인간은 성장하는 동안은 이기적일 수밖에 없다. 나무가 물을 빨아들이며 성장하듯, 인간도 주변 사람들의 물질적, 정신적 에너지를 빨아들이며 성장한다.

그렇다면 자신을 갖춘다는 것은 어떤 상태일까? 바로 나무가 물을 빨아들이고 햇볕을 받으며 쭉쭉 성장하는 과정이다. 나중에 꽃을 피우고 열매를 맺기 전까지의 과정이 자신을 갖추는 과정이다.

자신을 갖춘다는 것은 '나'라는 나무를 멋지게 성장시키는 과정이다. 다르게 표현하자면 '나'라는 상품을 값지게 만드는 것이다. 나라는 상품을 값지게 만든다는 것은 물질적, 정신적 부분을 모두 포함한다. 외적으로나 내적으로나 갖추어진 상태를 말한다. 물질적으로 성형을 하고 화장을 하고 예쁜 옷으로 아름답게 꾸몄으나 인성이 따라오지 않거나 정신적으로 미성숙하다면 3분 미녀밖에 되지 않는다.

나 자신을 갖춘다는 것은 스스로에게 투자하는 것이다. 이 투자는 물질적, 정신적 투자를 모두 포함한다. 물질적 투자는 육체를 위한 투자이다. 건강한 몸에 건강한 정신이 깃들기 때문에 나의 몸을 건강하게 만드는 것이 첫 번째이다. 기본적으로 건강한 몸을 만들어놓고 외모를 조금씩 가꾸어나가면 된다. 예쁘게 화장도 해보고, 예쁜 옷도 사 입어 보고, 맛있는 것도 먹어보고, 공연이나 그림을 보면서 예술적 감각도 키워보고, 표정도 예쁘게 만들며, 산책을 하면서 정신적으로 쉬어도 주고, 책을 보며 지식도 충전하면 된다.

더불어 자신의 부족한 단점은 고치려 노력하고 거절할 땐 바르게 거절하며, 자신의 행동과 말을 세련되게 연습하고, 바른 분별력을 가질 수 있도록 항상 삶 속에서 깨닫는 자세를 가져야 한다. 친구들과 어울려 소모적인 에너지를 낭비하기보다는 스스로 사색의 시간을 갖거나 책을 보며 정보를 취하는 것이 때로는 낫다. 항상 주변 상황을 보면서 '나'라는 인간을 탐구해야 적시에 '나'라는 인간을 쓸 수 있는 것이다. 이렇게 잘 갖추어진 육체와 정신을 가지고 자신의 빛을 방사할 시기가 왔을 때 찬란하게 빛을 내면 된다.

이제는 노예근성에서 벗어날 때도 되었다. 젊은 나이 때부터 집을 사겠다고 모든 돈을 투자하다 보면 자신의 갖춤이 남들보다 뒤처지게 된다. 젊을 때는 집에 투자하는 것이 아니라 나 자신의 갖춤에 투자를 해야 한다. 나라는 상품을 값지게 만들어야 주변에 사람이 다가온다.

무식하게 일만 하지 말고, 자신의 부족한 부분을 갖추어, 크게 쓰일 수 있도록 육체와 정신을 모두 갈고 닦는 것, 이것이 자신을 갖추는 것이다. 자신에 대해 끊임없이 연구하고 관찰하라! 이것이 바로 자신을 갖추어 나가는 첫걸음이다.

자신을 명품으로 만들어라!

명품이란 최고의 가치를 지닌 물건을 말한다. 최고의 가치를 지닌 물건은 그 가격도 만만치 않은데 사람들은 이 명품을 통해서 자신의 신분이나 물질적 급수를 나타내려 한다. 명품이 탄생하려면 그만큼의 노력과 시간이 필요한 법이다.

물질의 명품이 있다면 나는 정신의 명품을 만들어가고자 한다. 물질을 걸치고 들어서 자신의 가치를 높이는 것은 한계가 있다. 명품을 걸친 만큼 그에 상응하는 정신의 가치가 있을 때 비로소 그 사람의 몸에 걸친 모든 것들이 빛이 나는 법이며, 가짜도 진짜로 보이게 만든다.

명품을 걸쳤다면 명품에 맞는 품위와 행동이 따라주어야 명품의 값어치가 생기는 법이다. 명품은 걸쳤으되 말이나 행동에서 품위가 떨어지면 그가 걸치고 있는 물질의 가치조차 떨어질 수밖에 없다. 그래서 정신이 중요한 법이다. 정신은 물질의 가치를 높일 수도 떨어뜨릴 수도 있기 때문이다.

정신이라는 것은 내면의 힘과 바른 분별력을 말한다. 바른 분별력이 장착되지 않은 정신은 망상을 키울 수 있으며 망상은 균형점을 넘어선 정신의 오물이 되기 쉽다. 이것저것 잡다한 것들이 자기의식을 지배하게 만들면 그는 정신의 오물에 놀아나게 된다.

정신의 가치는 독립적이고 자존감 있으며 스스로 당당해야 한다. 정신의 퀄리티는 명품처럼 질이 좋고 단순해야 한다. 복잡하거나 어려운 것이 아니다. 가장 아름다운 것은 균형이 잡혀있을 때 가장 안정되면서 아름다운 법이다.

명품은 그 자체로 고고하고 당당하다.
명품은 그 자체로 빛을 발한다.
명품은 그 자체로 가치가 있다.
명품일수록 단순하고 세련되다.

자신의 생각과 행동, 그리고 말 한마디 그리고 내 삶 자체를 명품으로 만들면 사람들은 당신을 갖고 싶어 하고 옆에 두고 싶어한다. 외모적으로 갖추었다면 내면적으로도 갖추어야 밸런스가 맞는 법이다. 내적 외적으로 자신을 명품화시키면 값어치는 올라가기 마련이다.

정신적 명품은 오랜 시간 스스로 단련하면서 만들어진다. 정신을 명품으로 만들려면 생각이 너무 많고 복잡하지 않아야 한다. 그렇다고 너무 단순무지한 백치미를 말하는 것은 아니다.

정신적 명품은 지식만 채워 넣는다고 명품이 되지 않는다. 받아들인 지식을 어떻게 소화하고 어떻게 분별해서 내 것으로 만드느냐가 중요하다. 잡다하게 이 지식 저 지식 쌓아올리기만 하면 시장물건이 되기 쉽다. 지식을 내 안에서 통합·흡수해야만 지혜로 변환될 수 있다. 지혜와 통찰만이 정신을 명품으로 만들 수 있다.

나만의 프레스티지

프레스티지(Prestige)란, 명성, 신망, 위신이라는 뜻이다. 이 말은 원래 환상, 착각, 마술의 트릭이란 뜻으로 쓰였었다. 좀 더 생각해보니, 프레스티지란, 어떤 만들어진 상황 또는 연출된 모습이기도 하며, 내가 남에게 보이고 싶은 모습이다. 우리는 저마다 누군가에게 보이고 싶은 모습이 있다. 이 모습 속에는 내가 남으로부터 존경, 덕망, 우러러봄 등 남보다 우월해 보이고 싶은 욕망을 내포하고 있다. 이러한 욕망이 나의 프레스티지를 만드는 것이다.

프레스티지는 나와 남 사이의 격차를 나타낸다. 이 격차라는 것은 물질적인 것일 수도 있고, 정신적인 것일 수도 있다. 물질적인 면에서 살펴보면, 타고난 물질적 환경, 혈통, 지위, 계급 등이 그 사람의 프레스티지를 만든다. 정신적인 면에서 살펴보면, 프레스티지는 그 사람이 가지고 있는 생각, 이상, 사상 등이 나를 상대와 차별화시키는 자신만의 프레스티지를 만든다. 과거에는 혈통이 프레스티지를 만들었다면, 지금의 시대는 재능이 프레스티지를 만든다.

나를 남과 다르게 보이게 만드는 그 무엇! 이것이 프레스티지이다. 사람들이 상대를 파악할 때 가장 빠른 방법은 겉으로 드러난 신분이다. 그러나 특정 신분을 타고났어도 그 사람이 하는 말과 행동에 따라 그 사람의 프레스티지는 달라진다.

사람들은 특정 사람의 행위나 업적을 가지고 그 사람을 칭송하기도 하고 존경하기도 한다. 많은 사람들에게 칭송과 존경을 받는 사람은 자신감을 갖게 되고, 더 나아가 자기 확신을 갖게 되며, 자기 확신은 신의 에너지를 당기게 된다. 이것이 곧 신이 만들어지는 과정이다.

인성을 갖추어야 할 때

시대는 점점 풍요로워지고, 삶은 평준화가 이루어지고 있다. 또한 과학기술이 발달하면서 주거환경 또한 편리하게 바뀌고 있다. 주거환경이 바뀌면서 삶의 질이 향상되었다는 것은 그만큼 우리의 의식도 성장해야만 한다는 의미이다.

과학문명이 발달하기 전에는 뭐든지 느렸고, 몸을 많이 움직여야만 했다. 지금의 시대는 스마트한 세상이 되어가면서 움직임의 시간을 단축시켰다. 스마트폰으로 기기들을 조종하고 움직일 수 있는 세상으로 변모해가고 있다.

과학의 발전만큼이나 우리의 의식 또한 빠른 속도로 변화의 흐름을 따라가야 하지만, 이 변화의 흐름을 따라가지 못하고 정체되면 시대적인 흐름에 자꾸 발이 걸리는 형국으로 흘러간다.

과학이 발달하여 인간이 몸을 움직이지 않게 된다는 것은 인간으로 하여금 머리를 쓰고 창조적인 것에 힘을 쏟으라는 이야기다. 대접을 받는 만큼, 사람을 부리는 만큼, 돈이 있는 만큼 창조적인 일을 하라는 뜻이다. 그냥 놀고먹으라고 주어진 환경이 아니다.

당신에게 주어진 부와 대접은 그냥 주어지는 것이 아니라, 누군가의 피땀으로 지금 그 자리에 있을 수 있게 된 것이다. 인터넷 환경이 펼쳐져 있다는 것은 정보를 받는 측면에서는 좋은 도구임에 틀림없지만, 반대로 생각하면 그만큼 감시의 눈들이 많아지고 있다는 뜻이기도 하다. 특히 눈에 띄는 공인들은 말과 행동을 더욱 조심해야 한다.

감시의 눈들은 서로가 서로를 지켜본다. 그래서 지금의 시대는 인성을 갖추어야 한다. 내가 하는 말과 행동을 누군가는 지켜보고 있기 때문이다. 나의 움직임은 곳곳에 설치된 CCTV에 고스란히 찍히고 있고, 사람마다 카메라 기능이 내장된 스마트폰을 들고 다니기 때문에 못된 행동을 하거나 눈에 거슬리는 행동을 하면 카메라에 찍히기도 쉽다. 그만큼 사회가 점점 투명한 사회로 변모하고 있다는 뜻이다.

식당이나 공공장소에서 자신의 행동이 어떠한지 한번은 돌이켜보라! 쓰레기를 아무 곳에나 버리지는 않는지, 종업원에게 함부로 대하지는 않는지, 시끄럽게 떠들지는 않는지, 예의가 없는 것은 아닌지, 자신을 돌아볼 때이다.

지금은 스스로 인성을 갖추어야 할 때이다. 대접을 받는 만큼 세련된 매너가 필요한 법이다. 매너는 조금만 의식을 하고 있으면 충분히 갖출 수 있는 행동들이다. 서비스를 받았으면 감사의 인사 정도는 할 줄 알아야 하고, 상대를 존중하려는 마음만 가져도 행동이 함부로 나오진 않는다.

사회면에 등장하는 사건 사고들은 모두 이성이 제어되지 않은 상태에서 감정적으로 발생하는 사건들이 태반이다. 감정에 받쳐 '욱'하면서 사건 사고가 터지는데, 이때 필요한 것은 이성적 사고이다.

이 사회가 점점 투명해질수록 사람들에게 덕(德)을 요구한다. 지금은 세련되게 인성을 다듬어야 할 시간이다. 세련되게 다듬어진 매너와 인성은 사람으로 하여금 호감을 느끼게 하는 기본적인 요소이기 때문이다. 사람 마음을 얻고 싶다면 존중과 감사의 마음을 가져라!

자신의 포지션을 파악하라

인연과 인연을 연결해주는 것은 하늘의 일이다. 또한 사람마다 이번 생에 자신에게 세팅된 인연들이 있다. 우리는 인연에 의해 힘을 받기도 하고, 힘을 빼앗기기도 하며, 인연이 다리를 놔주기도 하고, 이끌어주기도 하며, 인연을 통해 성장하고 발전한다.

인간은 자신의 얼굴을 볼 수 없다. 거울을 통해 자신의 얼굴을 볼 수 있으며 마찬가지로 나의 마음은 상대를 통해 비춰볼 수가 있다. 우리가 사는 동안 만나는 인연들은 특정 시점 나와 인연이 되어 함께 간섭무늬를 만들면서 필요한 정보들을 서로 주고받는다. 인연과 만날 당시에는 잘 인지하지 못했던 사실들을 인연과 헤어지고 난 뒤 인지가 되는 경우도 많다. 가까이 있을 땐 몰랐는데 멀리 떨어지고 나니 상대가 좀 더 객관적으로 보이는 것이다.

나는 가끔씩 옛날 인연들을 다시금 떠올려서 그때의 상황을 분석해 보기도 하는데, 그 당시에는 몰랐었던 일들이 지금에서야 비로소 이해되는 것들도 종종 있다. 그러고 보면 과거 나의 기억들은 현재에서 다시 재조정되고 있다는 생각이 든다.

인간은 상대를 만나야 나의 크기를 가늠할 수 있다. 혼자 있으면 나의 힘이 센지, 내가 어떤 특성을 지니고 있는지 알기가 힘들다. 그래서 우리는 사람과 사람이 만나서 서로의 크기를 비교해 보는 것이다.

스스로 자신이 잘하는 것, 자신의 능력, 자신의 재주, 자신의 스케일 등을 파악하는 것이 중요하다. 지금 시대는 업무가 분화되어 있는 시대라서 각자 자신이 잘하는 역할을 부분적으로 할 수 있는 시대이다. 즉 거대한 톱니바퀴가 돌아가고 있기 때문에 우리는 이 톱니바퀴를 돌리는 일부가 된다.

조직의 각 분야에서 어떤 사람은 영업을 잘하고, 어떤 사람은 기획을 잘하며, 어떤 사람은 관리를 잘하고, 어떤 사람은 디자인을 잘한다. 각자 재주와 재능에 따라 조직의 일들이 배치되는 것이다. 각 사람들이 가지고 있는 재능과 재주를 통합하여 회사라는 조직을 운영하는 리더를 우리는 사장이라 부른다.

우리는 스스로 자신을 파악할 필요가 있다. 내가 잘하는 것이 무엇이며, 나의 포지션은 어디에 해당하는지, 내가 욕심을 내는 부분은 어디인지 스스로 돌아볼 필요가 있다. 자기 재능의 포지션을 파악해야 자신에게 맞는 자리로 들어갈 수 있는 법이다.

자신이 잘하는 것을 하라

사람마다 타고난 재주나 장점은 다 다르다. 같은 일을 시켜도 자신이 자라온 환경과 마인드에 따라 일 처리가 다르게 표출이 된다. 일을 잘하는 사람이란, 어떤 한가지 목표나 주제를 주면 그 목적에 맞게 적정시간 내에 완벽하게 완수하는 사람이다. 사람들은 자신의 재주와 스킬에 따라서 자신의 일을 끊임없이 하고 있다.

정리를 잘하는 사람은 어느 곳에 갖다놓아도 이곳저곳 정리를 하고, 아이디어를 잘 내는 사람은 어느 곳에 가도 자신의 아이디어를 잘 발휘하며, 사람을 잘 설득하는 사람은 어디에 가서도 사람들을 잘 설득한다. 한곳에 몰입해서 연구하는 성향의 사람을 영업조직에 데려다 놓으면 그 사람은 그곳에서도 연구하며, 문서정리를 잘하는 사람을 장사하는 가게에 데려다 놓으면 가게의 오고 가는 영수증들을 정리하려 한다.

문서정리를 잘하는 사람은 사무직, 사람을 잘 설득하는 사람은 영업직, 아이디어를 잘 내는 사람은 기획직, 포장을 잘하는 사람은 홍보직 등이 어울린다. 만약 자신의 성향과는 다른 일이나 부서에 배치받았다면 그곳에 가서도 자신이 잘하는 일을 반복해서 하려 하는 성향이 드러난다. 그래서 진로를 정할 때 먼저 자신이 무엇을 잘하는지 스스로를 파악할 필요가 있다. 그런 다음 자신이 잘하는 것을 하라!

예를 들어, 어떤 사람이 상황파악이 빠르고, 상대가 원하는 것을 바로 캐치하여 일을 진행시키고 주변을 잘 케어한다면 이런 재주를 가진 사람은 높은 사람을 수행하는 비서가 잘 어울릴 것이다. 만약 이런 재주를 가진 사람이 있다면 보스를 잘 만나야 한다.

또 다른 예를 들어, 여기저기 소문을 잘 전달하는 사람은 통신원의 역할을 맡으면 좋다. 어떤 사건 사고를 잘 알리는 역할이 부여되었기 때문에 어느 곳에 가더라도 통신원의 역할을 맡게 된다. 이런 사람을 만약 연구직에 앉혀놓으면 얼마 못 버티고 밖으로 나간다.

만약 당신이 현재 하는 일이 계속 돈이 안 되는 일이라면, 자신의 일을 다시 점검해 보아야 한다. 노동의 대가가 따르지 않는다는 것은 현재 공부 중이라는 뜻이다.

자신이 하는 일이 사회를 위하는 일이라면 당연히 재화가 따를 것이다. 재화를 만들어 낸다는 것은 내 노력을 물질화시킨다는 뜻이다. 생각이 생각으로 끝나면 돈이 안 되고, 아이디어가 아이디어에 머물면 돈이 안 된다. 그래서 내 노력의 대가가 돈으로 환원될 수 있게 시스템을 구축해야 한다.

자신의 생각을 점검하라

가끔씩 자신이 어디로 가고 있는지, 잘 나아가고 있는지 의문이 들 때가 있다. 도저히 앞길이 보이지 않고, 무엇을 해야 할지도 모르고, 생각은 그저 구름처럼 떠 있고, 쓸데없는 생각만 하는 듯 느껴질 때가 있을 것이다. 마음은 콩밭에 가 있고, 현실을 회피하듯 게임을 하거나 다른 무언가 몰두할 거리를 찾기도 한다. 이럴 때, 자신이 왜 그러고 있는지 본질적인 원인을 살펴야 한다. 현재 하고 있는 일에 흥미를 잃거나, 따분하고 재미가 없거나, 혹은 하기 싫은 일을 하거나 할 때, 다른 무언가 시간을 때울 수 있는 것을 찾게 된다. 주로 나아가지 못하고 흐름이 지체될 때 시간 때울 거리를 찾는다.

이런 상황이 생길 때, 자신이 현재 가고 있는 길이 맞는 길인지 다시 한번 점검해 볼 필요가 있다. 아니면 다시 마음을 잡고 자신이 하는 일에 당위성과 명분을 찾아야 한다.

당위성과 명분은 흩어져있던 에너지를 모아서 한 방향으로 이끄는 행위이다. 어떤 일에는 자신이 그 일을 해야만 하는 명분이 있어야 곁가지로 새지 않고 한 길로 나아갈 수 있다. 또한 명분을 잡기 위한 정보가 아직 채워지지 않았을 경우, 이것저것 관심을 두면서 정보를 찾게 되는 것이다. 각자 자신이 가지고 있는 정보의 퍼즐이 맞춰지게 되어 작은 판이 완성되면 멈추었던 길을 걸어나가게 된다.

만약 자신이 하고 있는 일에 명분과 당위성이 분명하다면 다른 잡념을 물리치고 그 일을 하는 것이 맞다. 그러나 명분과 당위성이 부족하다면 처음부터 다시 계획을 조정해야 한다. 그렇지 않으면 하던 일은 앞으로 나아가지도 못하고, 그 자리에 멈추어서 또 다른 명분을 찾을 때까지 이 정보 저 정보를 받아들여야 한다.

명분이 분명하게 생기고 일에 대한 정확한 이해가 서면, 생각을 멈추고 행동하게 된다. 충분히 정보가 쌓이고 어느 정도 전체 그림이 이해가 될 때 나아가게 된다. 이해가 되기 전까지는 앞으로 나갈 수도 없을뿐더러, 막무가내로 나아가면 여기저기 부딪치면서 돌아가야 한다.

어떤 프로젝트를 착수할 때도 설계가 끝나야 본격적인 일이 시작되듯, 어떤 일에 대한 이해가 끝나고 정보가 모두 채워졌을 때, 비로소 움직여지기 시작한다. 즉 정보를 받아들이는 시간이 어느 정도 필요하고 받아들여야 할 정보가 꽉 채워지면, 그때 비로소 물질화가 시작되는 것이다.

현재 잘 나아가고 있는지를 확인하려면, 자신의 생각을 점검하라! 하루의 생각을 어떤 것으로 채워나가고 있는지를 살펴라!

어떤 사람은 자신에게 맡겨진 일에 몰입되어있는 사람도 있고, 어떤 사람은 돈을 벌 궁리를 하는 사람도 있고, 어떤 사람은 걱정으로 하루를 보내는 사람도 있고, 각양각색 저마다의 생각은 모두 다르겠지만 하루하루의 생각이 쌓여 자신의 인생을 만들어간다는 것을 명심하라!

내가 주로 무슨 생각을 하고 있고, 무엇에 관심이 있는지를 먼저 살펴라! 자신이 잘하는 것이 무엇인지, 무슨 일을 할 때 눈빛이 빛나는지, 스스로 관찰을 해라!

하루의 생각은 그 사람 인생을 반영한다. 내가 하루 동안 무슨 생각을 하고 있는지, 어떤 정보들을 섭취하고 있었는지를 분석하면 자신이 어느 분야에 관심이 있는지 명확히 알 수 있다. 자신이 어디로 가고 있는지 알려거든, 자신이 무엇을 생각하는지를 살펴보라!

오늘이라는 시간의 의미

오늘이라는 시간은 나에게 어떤 의미일까? 내게 있어 오늘이라는 시간은 과거의 과오를 바로잡을 수 있는 기회이자, 내가 원하는 미래를 창조할 수 있는 기회가 주어지는 소중한 시간이다.

하루하루를 의미 있게 보낸다는 것은 아주 바람직한 일이다. 물론 하루하루가 지옥 같은 사람도 있을 테고, 이 순간이 빨리 지나가기만을 바라는 사람도 있을 것이다. 어떤 이에게는 지난 과오에 대한 결과를 받는 시간이기에 하루하루가 지긋지긋하며 지옥 같은 것이다. 즉 자기 행위에 대한 죄벌을 받는 중이다. 이 죄벌이 끝나야 비로소 과거로부터 자유로워질 수 있고, 과거를 청산해야만 미래를 창조할 수 있는 법이다.

현생의 과오도 있을 테고, 전생의 과오도 있을 것이다. 지나간 시간, 즉 과거 행위에 대한 결과는 물질적으로도 받지만 영적으로도 받는다. 영적으로 받을 때는 스스로를 감금시키며 혹사시킨다.

전생의 과오가 깊은 사람은 현생에서 운의 발복이 늦다. 그만큼 바로잡아야 할 것들이 많기 때문에 되돌아보고 담금질하며 오랜 시간을 정련한다. 이런 사람들은 대체로 기운이 크고 고집이 센 사람들이다.

오늘이라는 시간을 대함에 있어서 당신은 어떻게 대하고 있는가? 그저 시간을 때우는 순간인가? 아니면 무언가 의미를 창조하는 순간인가?

스스로 자신을 판단할 때, 지금 현재 답답하고 괴롭다면 과거의 과오에 대한 대가를 받는 중이며, 지금 현재 충만하다면 미래를 창조할 수 있는 에너지가 주어졌다는 뜻이다.

오늘이라는 시간이 그냥 스쳐지나가는 짧은 시간일지 모르지만, 조용히 앉아서 오늘이라는 시간에 대해 한 번 생각해보길 바란다. 그동안 잘못 길들여진 습관을 고칠 수 있는 것도 오늘이고, 더 좋은 미래를 만들어갈 수 있는 시간도 오늘이다. 스스로 깨닫는 순간, 나 스스로 인지하는 순간, 내 생각이 바뀌고, 내 행동이 바뀌고, 내 미래가 바뀐다.

지금 이 순간만이라도 멈추어 생각해보자. 오늘 내가 과거의 과오를 어떻게 바로잡아서 어떤 미래를 창조하고 싶은가라고… 스스로 생각하기에 잘못된 습관들, 나의 단점들, 나의 환경 등등, 무엇을 바꾸고 싶은가를 먼저 생각하라! 족쇄가 풀려야 미래로 나아갈 수 있다. 이렇게 스스로의 문제점이 고쳐지고 난 뒤, 마음이 고요하고 편안해졌을 때 창조하고 싶은 미래상을 그려보라!

오늘이라는 시간은 신이 우리에게 내린 축복의 시간이다. 내게 주어진 유일한 기회의 시간이기 때문이다.

고향으로 돌아가 설법하지 마라

성자는 고향으로 돌아가 설법하지 말라는 얘기가 있다. 도를 깨치고 고향으로 돌아가도 사람들은 도를 깨친 당신을 과거의 옛사람으로 기억하기 때문이다. 새로이 바뀐 당신의 모습을 보려 하기보다는 이전에 기억하던 모습으로 대하기 때문에 고향으로 돌아가 설법하지 말라는 이야기이다.

부부간에도 밖에서 사람들에게 존경받는 남편이 안에서는 와이프에게 구박을 받거나, 반대로 와이프가 밖에서 존경을 받아도, 안에서는 남편이 아내를 무시할 수 있다. 가까운 거리에서는 상대의 흠과 모순이 더 잘 보이기 때문에 상대에 대한 환상이 사라져 버린다. 그래서 가족으로 묶이지 않는 관계가 더 멋있게 보이는 법이다. 카르마로 엮이는 순간, 관계성 속에서 상대의 모습을 바라보게 된다. 아내로서, 남편으로서, 혹은 부모로서….

부모는 부모 입장에서 자식을 바라보려 하고, 부부는 부부 입장에서 상대를 보려 한다. 형제나 자식이 아무리 깨우친 성인군자라 할지라도, 부모는 그저 어린 자식으로 보이고, 형이나 누나는 어린 동생으로밖에 보이지 않는다.

도를 깨우치려거든 고향을 떠나야만 한다. 고향을 떠나야만 카르마의 고리 속에서 떨어질 수 있다. 그래서 스님이 집을 떠나 가족과 연을 끊고 출가하는 것이다. 가족으로 엮인 질긴 끈이 상대를 옭아매고, 마음을 잡아끄는 것이다.

지금의 세상은 시대가 점점 가족을 분리·해체시키고 있다. 한편으로 보면 정이 메말랐다고 할 수 있지만 카르마의 고리를 끊는 수순이기도 하다.

가족이 마음에 밟혀 세상으로 나가지 못하고, 부모형제 때문에 묶여 있는 사람이 있다면 발복이 잘되지 않는다. 물론 부모와 이러지도 저러지도 못하게 묶여있는 것은 부모와 함께 해결해야만 하는 무언가가 있기 때문에 묶여있는 것이고, 이런 경우 떨어질래야 떨어질 수 없는 상황으로 묶여버린다.

부모는 자식을 볼 때 어린 자식으로 볼 것이 아니라 어느 정도 성장을 했다면 한 명의 인격체로 봐야 할 것이다. 우리나라 사람들은 특히나 가족 간 카르마가 강하게 엮여있어서 서로가 서로를 묶어놓고 있는 형국이다. 가족 때문에 심적 정신적 고통을 당하고 있다면 고향을 떠나는 것도 하나의 방편이다.

깨달음을 얻었다면 고향으로 돌아가 설법하지 마라! 당신을 아는 사람들은 과거의 기억 속에서 당신을 기억하기 때문에 현재의 변한 당신을 잘 모른다.

당신은 어떤 유형인가?

말의 에너지

가끔씩 누군가 한 말이 머릿속에 머물러 있을 때가 있다. 그 순간 생각을 할 줄 모르는 사람은 그저 상대를 원망하며 또 다른 누군가에게 그 사람 욕을 할지도 모른다. 자신이 한 말은 생각조차 못 하고 상대가 한 말에 꽂혀 상대를 원망한다. 원망만 하고 있다면 일이 안 풀린다.

조금 생각을 할 줄 아는 사람은 '그 사람은 왜 나에게 이런 말을 했을까?'라고 되뇌며 잠시 원망은 하겠으나 그 원인을 찾으려 할 것이다. 그리곤 자신의 못난 부분을 바꾸려 할 것이다. 마음에 걸린다는 것은 무언가를 조정하라는 뜻이다.

어떤 하나의 사건을 놓고도 누군가는 상대를 원망하기도 하고, 누군가는 원인을 찾으려 하기도 한다. 이 사람이 한 말도 생각나고, 저 사람이 한 말도 생각나고, 정리가 안 될 때는 가만히 처음부터 자신이 했던 말과 행동을 되짚어 보라!

누군가 한 말이 계속 뇌리에 박혀있다면, 상대가 한 말보다 먼저 내가 한 말을 생각해보라! 분명 내가 한 말에 반응하여 상대가 던진 말이 되돌아와 나를 언짢게 한 상황이 된 것이다. 결국 내가 뿌린 씨앗이 나에게로 돌아오는 형국이다.

"저는 아무 말도 안 했는데 상대가 나를 공격했어요."라고 한다면 평상시 당신의 행동과 말이 쌓이고 쌓여 어느 시점에 되돌아온 것이다.

평상시 내 행동에도 문제가 없었는데 상대가 어떤 말을 던지면서 들어왔다면 이때는 보이지 않는 나의 기운을 체크해야 한다. 내 상태가 어떠한가를 살펴야 한다. 내 기운에 반응해서 상대가 던진 말이다. 즉 어떤 말이든, 기운이든, 계속해서 내 곁에 머물고 있다면 이 말이 나오게 된 원인을 찾아 들어가라는 것이다. 내가 보낸 에너지는 정확히 보낸 만큼 되돌아오는 법이다.

어떤 한 사건을 놓고도 사건을 대하는 방법은 천차만별이다. 누군가는 겉모습만 보고 원망하는 사람, 누군가는 애써 회피하려는 사람, 누군가는 그 원인을 파악하려는 사람, 누군가는 깨달음으로 승화시키는 사람, 당신은 어떤 유형인가?

내가 말을 먼저 던져보고 상대의 반응을 보고 내가 대화의 깊이를 정할 수 있다. 대화의 깊이는 말이 꽂혀 들어가느냐 가지 않느냐를 놓고 판단한다. 상대의 반응을 보고 내 말과 행동의 유형을 바꿀 수 있다. 그래서 상대의 말은 내 행동의 지표가 된다. 말을 주고받아서 대화가 잘 진행되면 에너지가 순환된다. 여성들이 친구들과 만나 수다를 떠는 것은 에너지를 순환시키는 행위이다. 수다를 떨면서 사념을 뱉어내고, 좋은 기운은 받아들이며 에너지를 돌리기 때문이다. 그래서 대화를 잘하고 나면 스트레스가 풀리는 것이다. 말이란 에너지를 조절하는 하나의 지표이다. 기운은 말을 통해 전달되고 말을 통해 나가기 때문이다.

창조자, 확장자, 관리자

창조적인 행위는 사람들을 끌어들이는 힘이 있다. 사람들은 좀 더 새로운 것, 좀 더 특색있는 것을 찾아다니며 그 속에서 보이지 않는 에너지를 섭취한다. 마치 음식으로 물질 에너지를 섭취하듯, 창조적인 것에서 정신적 에너지를 섭취한다. 이렇게 새로운 무언가를 창조하는 사람들이 있다.

새로운 것을 창조하는 사람이란, 기존의 관념에 물들지 않았을 때 새로운 것을 창조할 수 있다. 그래서 아직 사회의 때가 묻지 않은 젊은 예술가들이 창작활동을 할 때 신선함과 독특함이 나오는 것이다. 젊은 예술가들이 창작활동을 하면서 자신들만의 특색있는 거리를 만들어두면, 사람들이 몰려오고, 사람들이 몰려들면, 그 지역이 인기 있는 지역으로 떠오른다. 사람이 많이 몰린다는 것은 돈이 몰린다는 이야기이고, 장사가 잘 된다는 이야기다. 장사가 잘 되면 점차 임대료가 오르게 되고, 오른 임대료를 감당하기 힘든 예술가들은 더 싼 동네를 찾아 떠나가게 되고, 임대료가 오른 지역에는 돈이 많은 대기업이 들어오게 된다. 대기업이 들어오는 순간 창조성은 사라지고 확장성으로 접어들게 된다. 대기업은 확장성과 관리성에 초점을 맞추고 있다. 대기업이 그곳을 점령하는 순간 젊은 예술가들은 다시 새로운 지역을 개척하러 떠나고 이러한 사이클이 반복된다.

젊은 예술가들은 딱 현상 유지를 할 정도만의 경제가 주어지기 때문에 어쩔 수 없이 계속해서 창조하게 된다. 새로운 것을 만들어야 사람들이 찾아오기 때문에 개발, 창조, 개혁의 에너지를 쓴다. 이렇게 개발, 창조, 개혁을 해두고 나면 이제는 이 에너지를 확장시킬, 돈 있는 사람들이 들어오게 되는 것이다. 이러한 상황들을 보면서 대체로 대부분의 사람들은 대기업이 다 잡아먹는다고 대기업을 욕할지도 모른다. 그러나 이것은 인간문명의 메커니즘 중 하나이다.

우리는 여기에서 어떤 패턴을 살펴볼 수 있다. 어떤 사람은 계속해서 개발 및 창작만 하게 되고, 정작 돈을 쥐는 사람은 덩치가 큰 기업이라는 것을 눈치채게 된다. 개발 및 창작자가 열심히 개발을 해두면, 창작자가 부자가 되는 것이 아니라 개발한 발명품을 확장시키는 사람이 돈을 버는 것과 같다. 돈은 돈을 굴리고, 돈을 만지는 사람이 갖게 되고, 결국 창작자는 다시 개발만 하는 상황으로 흘러간다. 창작자가 돈 욕심을 부리는 순간, 망하는 지름길로 빠져버리기 때문에 창작자는 자신을 지원하고 후원할 사람을 만나야 한다.

사람은 저마다 자신의 재능과 능력을 가지고 있다. 어떤 사람은 창작하고 연구하는 재능을 가지고 있는 사람이 있고, 어떤 사람은 돈을 확장하고 굴리는 재능을 가지고 있는 사람이 있다. 개발자 혹은 창작자가 돈을 쥐려 하면, 이들은 돈을 확장시키지 못한다. 돈을 굴려본 적이 없기 때문에 돈을 불릴 수가 없는 것이다.

만약 돈을 불리려면 개발에서 손을 떼야 하는데, 그렇다면 자신이 가진 재능을 쓰는 것이 아니라 새로운 재능인 돈 굴리는 재능을 써야 하기 때문에 처음부터 다시 돈 공부를 해야 하는 상황을 맞이하게 된다. 그래서 확장은 돈 있는 사람, 돈 굴리는 사람, 돈을 아는 사람이 만지는 것이다.

우리 인간도 개미 사회처럼 역할이 분화되어 있다. 개발 창작자가 열심히 개발해 놓으면, 돈 있는 확장자가 이 기술을 확대, 재생산시키는 것이다.

미국의 과학자 에디슨이나 테슬라의 기술도 록펠러나 모건스탠리라는 거부들을 만났기 때문에 미국 전역에 전기가 들어올 수 있게 되었던 것이다.

창조자가 길을 만드는 사람이라면,
확장자는 만들어진 길 위에 도로를 까는 사람이고,
관리자는 길을 유지 관리하는 사람이다.

당신은 어떤 유형의 재능을 가지고 있는가? 각자 자기 재능에 따라 자기 분수만큼만 끌어올려야 망하지 않는다. 이런 메커니즘을 알고 일을 한다면, 조금이나마 남을 원망하지는 않을 것으로 본다.

4장

감정의 도킹

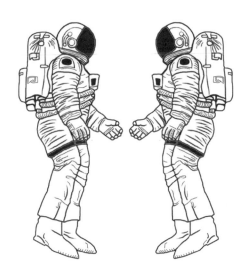

나를 알아가는 첫걸음

과한 결핍은 과한 집착을 낳는다

사람이든 짐승이든 각자 타고난 환경이 있고 팔자가 있다. 사람도 어떤 사람은 어릴 적부터 귀한 대접을 받고 자란 사람이 있는가 하면, 어떤 사람은 짐승만도 못한 대우를 받고 자란 사람도 있다. 어릴 때부터 정성과 공이 많이 들어간 아이는 자신에 대한 자존감이 우월한 반면, 그 반대의 아이들은 자신에 대한 비관과 피해의식이 형성된다. 어떻게 자라느냐에 따라서 에너지의 도가 넘치기도 하고 부족해지기도 한다.

에너지가 과하면 자만과 교만을 낳고, 에너지가 부족하면 비관과 피해의식을 낳는다. 과한 것도 부족한 것도 모두 에너지의 불균형이다. 에너지의 불균형은 모순을 낳고, 모순은 우리 의식을 묶어놓는 카르마를 형성한다.

타고난 환경은 부모의 영향을 받는다. 각자 자신만이 겪어야 할 환경이 주어지고, 이 환경을 어떻게 극복하느냐가 우리 인간에게 주어진

미션이다. 인간이 짐승과 다른 점은 인간은 자신의 환경을 개선할 수 있지만, 짐승은 주어진 환경대로 살아가야 한다는 점이다. 자신이 처한 환경을 개선할 수 있는 것은 인간만이 할 수 있는 일이다. 이러한 환경의 개선은 스스로의 부단한 노력이 필요한 부분이다.

환경을 잘 타고난 사람은 에너지를 받은 만큼 이 사회에 크게 돌려내야 하는 의무가 부여되고, 환경이 안 좋게 태어난 사람은 스스로 환경을 개선해야 하는 의무가 주어진다. 인간이라면 누구나 주어지는 몫이다. 그러나 인간은 자신이 가지고 있는 에너지를 어떻게 어디에 써야 할지를 모르는 경우가 많다.

예를 들어 팬들로부터 많은 사랑을 받는 연예인이 받은 사랑만큼 그 에너지를 이 사회로 크게 돌려내야 하는데, 그 에너지를 쓸 줄 몰라 키우는 개에게 에너지를 내려주고 있다. 연예인이 인기라는 에너지를 받았으면 이미 공인이 되는 것이고 사적인 삶이 사라지게 된다. 자신의 일거수일투족을 팬들이 감시하는 형국이라 사적으로 살고 싶어도 살 수 없는, 공적인 삶을 살게 되는 것이다.

넘치면 돌려내고, 부족하면 채워야 한다. 사랑을 넘치게 받으며 자란 사람은 사회에 유무형의 에너지를 돌려내야 하고, 부족한 환경 속에서 자란 사람은 부족한 부분만큼 질량을 채워야 한다.

우리 인간은 모두 균형을 향해 나아가려 한다. 과한 결핍은 과한 집착을 낳는 법이다. 마음 에너지를 과도하게 나타내는 것도 에너지적 불균형에서 오는 특징이다. 과도하게 사람에게 집착하든, 짐승에게 집착하든, 그 마음의 근원을 살펴보면 에너지적 불균형에서 오는 감정의 발현이다. 따라서 자신이 무엇에 집착하고 있는지, 무엇에 감정적 반응을 하는지 살펴볼 필요가 있다. 자신에게 주어진 환경을 파악하고 나에게 부족한 부분은 무엇이고 과도한 부분은 무엇인지 스스로 살펴보는 것, 이것이 나를 알아가는 첫걸음이다.

상처를 치유하려면

사람마다 생긴 모양새도 다르고, 기질도 다르고 살아온 환경도 다 다르다. 특히 살아온 환경은 사람의 행동과 선택 방향을 결정한다. 매 순간 선택의 길에 다다랐을 때, 자신이 살아온 삶의 습관대로 결정하는 경우가 많다. 자신이 살아온 습관대로 결정하는 것은 어느 정도 결과가 예상 가능하다고 판단하기 때문이다.

몇 번을 똑같은 선택을 해서 실패를 경험한 사람이 또다시 비슷한 선택을 하면 반드시 실패의 결과를 낳는 것은 불을 보듯 뻔하지만, 사람의 습관은 또다시 반복된 행동을 하게 된다. 왜냐하면 스스로 인지하지 못하기 때문이다.

스스로 자신의 행동을 인지하는 사람과 인지하지 못하는 사람은 큰 차이가 있다. 인지할 줄 아는 사람은 어떤 문제에 직면했을 때 상황을 빠르게 바꾸어나갈 수 있지만, 인지하지 못하는 사람은 주변에서 트러블이 생기거나 직접적인 사건·사고를 당한 뒤에야 비로소 조금씩 인지한다. 깨져보고, 당해보면서, 몸소 체험해보는 사람들이 있다. 스스로 자신의 행동을 인지할 줄 아는 사람은 자신의 문제점을 바꿀 수 있다. 그러나 피해의식에 사로잡힌 사람은 주변에서 이야기를 해줘도 잘 모른다. 이미 특정막 같은 것이 그 사람을 둘러치고 있기 때문이다. 이때는 주변이 잘 안 보이고 특정 생각에 사로잡혀 한 가지만 보이는 상황이다.

주변에서 말을 해도 안 들리고, 자신의 감정상태에 몰입해 있기 때문에 특정 사건이 터질 때까지 주변 사람은 기다려줘야 한다. 스스로 체험해서 결과값을 얻을 때까지 기다려주는 것도 하나의 방법이다.

상처치유는 보듬어준다고 치료되는 것은 아니다. 이것은 일시적인 방편일 뿐이다. 진짜 상처를 치유하려면 처음으로 돌아가 다시 시작하면서 오류를 잡아내야 한다.

예를 들어 얼굴이나 피부에 깊게 패인 상처를 치유할 때, 가장 빠른 방법은 그 상처 부위에 다시 상처를 내서, 새 살이 돋을 때 잘 돌보면서 관리하는 방법이다. 처음부터 반복하되 새로운 방식으로 관리를 해주는 것이다. 기존의 습관대로 상처를 관리하면 다시 똑같은 흉터가 반복되기 때문이다. 내 습관대로 딱지를 떼고 만지고 하면 흉터는 사라지지 않는다. 이때는 제3자인 의사 지시를 잘 따라서 관리해줘야 한다.

상처치유(물질적, 정신적)를 할 때 중요한 것은 아래와 같다.

1. 예전 습관을 반복하지 않는다.
2. 주변 사람의 조언을 받아들인다.
3. 환경을 바꿔주고 상처를 잘 돌본다.

어떤 일을 할 때, 실패가 뒤따른다면, 처음부터 그 상황을 재현하면서 잘못된 부분을 고쳐나가면서 바로잡아야 제대로 된 결과값을 만들어낼 수 있다.

덮는다고 문제가 해결되지는 않는다. 시간이 흘러 쌓인 감정은 언젠간 표출하게 되어있다. 사건·사고가 터지는 것은 새로운 상황으로의 전개이다. 즉 이제는 기존의 습관과 패턴을 중단하고 새로운 흐름으로 나아가라는 표시이다.

무시

요즘 극단적인 사건이 일어나는 그 마음의 기저를 살펴보면 무시라는 감정의 키워드가 있다. '나를 무시해서', '무시당하는 것 같아서' 등등… 무시의 마음은 받는 사람이 느끼는 개별적 감정이다. 누군가가 객관적으로 설명해 줄 수 있는 부분이 아니며, 자라온 환경에서 파생되는 결핍의 에너지 속에서 일어나는 마음들이다. 여기에는 반대로 존중받고 싶다는 마음이 그 기저에 깔려있다. 존중받지 못한 사람이 무시의 마음을 더 잘 느끼기도 한다.

시대는 점점 개인화가 가속되고 있고, 삶은 팍팍해지며 나의 감정을 받아줄 누군가를 필요로 하는데 이 또한 쉬운 일은 아니다. 감정의 에너지를 받아내는 일은 힘든 일임에도 불구하고, 사람들은 자신들의 감정에너지를 공짜로 뱉어내고 싶어한다. 자신과 비슷한 감정 파장대의 사람을 만나면 감정이 자극되면서 자동배출이 되기도 한다.

살면서 배출되지 못한 감정은 사건·사고로 배출된다. 불만, 불평, 서러움 등 가슴에 사무친 감정들은 어떻게든 풀어놓게 되어있다. 어떤 사람은 직접적 행동으로 풀어놓는 사람이 있고, 어떤 사람은 간접적 행동으로 풀어놓는 사람도 있다. 직접적으로 행동하는 사람은 이 사회에 사건·사고의 주인공이 되어 기사화가 되고, 간접적 행동으로 풀어놓는 사람은 이러한 기사에 감정적 댓글을 달거나 또는 사람과의 대화를 통해 마음속 감정을 풀어놓는다.

이야기를 잘 들어주는 사람은 현재 상대방의 감정적 에너지 배출을 처리해주는 중이다. 그럼에도 불구하고 감정적 에너지를 배출하는 사람은 자신이 얼마나 탁기를 품어내고 있는지 잘 인지하지 못할뿐더러, 상대가 얼마나 힘든지조차 가늠하지 못한 채, 오로지 자신의 감정에 취해서 자신이 어떤 짓을 하고 있는지 잘 모른다.

감정을 움직이는 사념은 전염되기 쉽다. 특히 이 한반도 사람들은 자석과도 같아서 상대 감정에너지를 잘 흡수한다. 또한 정치권 사람들은 감정의 사념체가 움직이는 곳을 귀신처럼 냄새 맡고 찾아 들어간다. 감정에너지는 전체를 관하는 마음이 아니라 한 가지 에너지에 묶여있는 상태이다. 이때는 주변도 안 보이고 오로지 자신의 감정만 중요하다고 느낀다. 상대가 안 보이고 자신이 처한 상황만 보이는 것이다.

감정에너지에 휘둘릴 때, 이때 사건·사고가 발생한다. 사건·사고에 휘말리고 나서 깨어나 보니 제정신이 아니었다고 말한다. 무시당한다는 생각은 반대로 존중받고 싶다는 표현이기도 하다. 존중받고 싶다면 먼저 존중해야 한다. 존중은 상대를 위한 마음이다. 무시는 단절을 내포하고 있다.

상대가 마음을 단절한다고 해서 자신을 무시한다고 생각한다면 이는 스스로의 피해의식에서 오는 마음의 상태를 느끼는 것이다. 한번쯤은 상대가 왜 단절을 하려는가 자신을 돌아보아야 할 필요가 있다. 나의 잘못된 행동은 안 보이고 상대의 반응만 가지고 뭐라 한다면 결코 답은 없다.

자기 것만 보이는 사람

카르마에 한창 허우적거리고 있는 사람은 자기 자신밖에 보이지 않는다. 카르마가 한창 돌고 있다는 것은 이전에 자신이 뿌려 놓은 씨앗이 발아되어 물질화되고 있다는 뜻이다. 오랜 시간 동안 자신이 반복했던 행동의 결과가 되돌아와 나를 괴롭게 하는 것이다. 자신을 괴롭게 하는 것은 자신이 뿌려놓은 행위의 결과이다. 사람 중에는 자기 것만 보이는 사람이 있다.

주변은 보이지 않고 오로지 자신의 힘든 일, 자신의 괴로운 일만이 자신을 우주처럼 감싸고 있기 때문에 주변이 보이지 않고 당장 자신에게 닥친 일들이 우선이라서 절대 상대를 고려하거나 배려하지 못한다. 상대가 좋아하는지 싫어하는지도 분간하지 못한 채, 자신의 목적을 달성하려 한다. 한마디로 제정신이 아닌 상태이다. 제정신이 아닌 상태에서는 남이 보이지 않고 오로지 자기 앞에 다가온 감정이 전부이다.

제정신인 상태에서는 상대가 보이는 법이다. 내 상태가 보이고, 상대가 보여야 정상이다. 상대가 보이지 않고 자기 앞에 닥친 문제만 보이기 때문에 이러한 사람들은 상대에 대한 배려가 없다. 자신의 감정만 감정이고, 상대의 감정은 감정이 아니라고 생각한다. 감정에 휘둘려 자신을 피해자로 만들며, 주변 사람들을 피곤하게 만든다. 그리고 상대가 왜 거절하는지 이유도 모른다. 어디든 감정 배출구가 될 곳에 매달리며, 감정을 배출하려 한다. 일종의 빙의 상태다.

귀(鬼)의 특징은 단순하기 때문에 한 가지밖에 보이지 않는다. 한 가지 목적성에 집착한다. 자신의 감정에 허우적거리며, 상대의 감정을 인지하지 못한다. 즉 상대가 보이지 않고 감정에 매몰되어 있다. 주변에 이런 사람이 있어서 관심과 동정심을 주면 빨려들어 간다. 한번 관심을 주면, 그때부터 상대방의 감정배출구가 되어 이들의 이야기를 계속 들어줘야만 하는 상황으로 흘러간다. 두 번 이야기를 들어주면, 힘들 때마다 의존하면서 들어온다. 계속 이야기를 들어주다가 나중에 들어주지 않으면 할퀴면서 돌아간다. 그래서 이럴 때는 매몰차더라도 관계성을 끊어줄 필요가 있다.
관계가 끊기는 것을 두려워 마라! 상대가 정신을 차렸을 때, 그때 비로소 이야기를 들어줘야 한다. 물에 빠진 사람은 자기밖에 안 보인다. 상대도 안 보이고 오로지 살기 위해서 몸부림칠 뿐이다.

상대를 위한다면 동정심에 무조건 허용하지 마라! 때로는 따끔한 질책이 상대를 위한 길이기도 하다. 무반응 또한 상대를 위한 방편 중 하나이다. 카톡에 응답 안 한다고, 혹은 메시지에 반응하지 않는다고 상대를 원망하지 마라! 답답한 사람이 우물 파는 법이다. 답답한 사람이 먼저 SOS를 치는 법이다. SOS에 반응하는 것만이 상대를 돕는 것이 아니라 반응하지 않는 것도 상대를 위한 일이다. 혼자 헤쳐 나올 수 있는데도 불구하고 도와주면 상대는 스스로의 힘을 절대 키울 수 없다. 그래서 거절은 인간관계의 스킬 중 큰 부분을 차지한다.

스스로 성장하고 스스로 극복하라!
스스로 노력할 때 주변에서 도움의 손길이 다가오는 법이다.

피해의식과 결핍

반복행위 패턴을 보이는 사람

사람들은 저마다의 피해의식 또는 부족한 점이 있다. 인생이란, 자신의 부족한 부분을 찾아내어 다듬는 시간의 연속이기도 하다. 우리는 깊게 패인 상처를 메꾸기 위해 다른 무언가를 끌어당겨 보상받고 싶어한다. 상처가 깊은 만큼 메꾸려는 힘은 더욱 강해진다.

예를 들어, 고무총을 쏠 때 고무줄을 당긴 만큼 총알이 멀리 나가는 것처럼, 패인 상처나 아픔이 깊으면, 그 에너지를 복구하거나 만회하려는 힘도 강해지기 마련이다. 그래서 돈에 한(恨)이 진 사람이 돈을 벌고, 애정결핍인 자가 애정을 구한다. 피해의식이나 상처는 또 다른 에너지를 당기는 집착의 에너지를 만든다. 더 가지려는 마음, 보상받으려는 마음이 지나치면 욕심이 되는 것이다.

이 집착이라는 마음은 현생에서만 만들어지는 감정만은 아니다. 전생으로부터 이어져 온 감정의 응집체와 같다. 특정 전생으로부터 생겨난 강한 집착은 현생에서도 반복되며, 주변에서 아무리 얘기를 해주어도 인지를 못 하는 경우가 많다.

예를 들어, 전생에 자식을 잃었거나 크게 다쳤던 경험이 있던 사람은 현생에서도 자식을 애지중지 보호하려는 마음이 강하게 들 것이다. 이런 경우 자식을 보호해야 한다는 사명감과 역할이 강하게 부여가 되면서 그러한 집착을 떼려 해도 뗄 수 없고, 오로지 내 자식만 보이게 되는 형태가 부모 카르마의 가장 일반적인 형태가 될 것이다.

반대로 부모에게 학대를 받고 자란 사람은 다시 자식을 학대하는 패턴을 반복한다. 요즘에는 자식을 학대했다는 사건·사고들이 종종 일어나는데 그들 사정을 살펴보면, 자신도 부모에게 학대받으며 자랐다고 고백한다.

부모의 애정이든, 연인의 애정이든 애정이 도를 넘으면 귀(鬼)가 함께 움직이는 것으로 보면 된다. 집착의 형태는 귀(鬼)처럼 움직인다. 주변이 안 보이고 오로지 대상만 보이는 것이다. 싸움에 휘말리게 되면, 주변은 보이지 않고, 순간적 감정에만 휩싸이게 되는 것과 유사하다. 정신을 차리고 보았을 때, '내가 왜 그랬을까? 제정신이 아닌 것 같았다!'고 표현을 하기도 하는데 그 순간은 귀가 발동했기 때문이다. 이렇듯 귀는 반복행위 패턴을 보인다.

반복행위 패턴이 계속되면, 쓸데없는 감정소모를 하면서 자신의 순수에너지를 낭비하게 된다. 집착하는 사람, 도망가려는 사람, 서로 얽히고설켜 서로를 가두는 족쇄가 되어버린다. 물론 더 큰 차원에서 보자면, 인생의 타이밍 혹은 때를 기다리는 차원에서의 감금이라고도 볼 수 있다.

반복행위 패턴을 보이는 사람은 주변에서 이야기를 해주어도 자신만의 감정에 몰입되어 전체를 잘 인지하지 못한다. 이런 때는 상대를 고치려 하면 안 된다. 상대는 이미 행위가 프로그램되어 있기 때문에 전체를 인지하고 관찰하는 사람이 행동 패턴을 바꿔주는 수밖에 없다. 기존의 행동패턴이 아닌 다른 행동패턴으로 변화를 주면 그에 따라서 상대의 행동도 조금씩 변화가 되는 것이다.

상대를 변화시키려고 노력하지 말고 나 자신을 변화시키라고 한 이유가 바로 이러한 이유 때문이다. 따라서 먼저 깨달은 사람, 먼저 인지한 사람이 패턴을 바꾸어 행동하면서 상대를 바꾸어 나가는 것이다. 상대와 똑같이 감정에 빠져 감정소모를 하지는 않았는지 스스로 살펴보라! 그리고 무엇이 상대를 위하는 일인지, 먼저 생각해보라.

감정을 받아주면 받아줄수록 상대는 그 자리에 머물러 버린다. 때론 감정을 받아주지 않고 자리를 뜨는 것도 하나의 방편이다. 먼저 인지한 자가 스스로의 행동을 바꿔라! 정에 이끌려, 상대의 감정에 이끌려 다니지 말고, 때론 매몰차게 돌아서는 것도 상대를 위한 길이다.

욕심을 가져야 할 때와 버려야 할 때

인생을 돌아보면 뭐든 욕심을 가지고 있는 사람들이 잘 살고 있다. 공부에 대한 욕심이 있는 사람은 어떻게든 좋은 대학에 가려 노력을 하고, 돈에 대한 욕심이 있는 사람은 어떻게든 돈을 벌려고 노력한다. 외부에서 자극이 들어오지 않으면 내 편한 대로, 내가 하고 싶은 대로 하기 때문에 인생에 발전이 없다. 외부의 자극은 당장에는 자존심이 상하겠지만, 나중을 돌아보면 그러한 자극이 나를 단련시키는 환경을 만들었다는 것을 깨닫게 될 것이다.

상대가 좋은 말만 해주면 '내가 잘 가고 있구나'하고 안심을 하지만, 상대가 안 좋은 말을 해주면 갑자기 자신감과 용기가 떨어지거나 반대로 오기를 품고 고치려 노력하는 사람도 있다. 그래서 조언은 독약도 주고, 보약도 주어야 효과가 좋다.

사람에 따라서 어떤 사람에게는 용기와 희망이 필요한 사람이 있고, 어떤 사람은 자신의 처지를 바르게 알려주는 쓴소리가 필요한 사람이 있다. 자신의 처지를 바르게 아는 것만으로도 자신이 가져야 할 것과 버려야 할 것을 분별할 수 있게 된다. 그래서 조언을 구할 때는 자신의 처지를 3자 입장에서 객관적으로 평가해 줄 사람에게 조언을 받는 것이 좋다.

욕심을 가져야 할 때와 버려야 할 때를 분별하는 것은 매우 중요하다. 무조건 욕심을 버리라고 할 것이 아니라 내가 지금 욕심을 가져야 할 때인가, 갖지 말아야 할 때인가를 분별해서 나아가야 한다.

나의 그릇 크기와 운의 정도에 따라서 어떤 때는 욕심을 가지고 들어가야 하고, 어떤 때는 욕심을 버리고 들어가야 한다.

그렇다면 욕심을 버리는 순간은 어느 때인가? 욕심이 과해지는 순간 외부에서 반응이 들어온다. 외부에서 반응이 들어올 때는 그 욕심을 딱 멈추어야 한다.

욕심은 마음을 끌어올리는 힘을 형성하기도 한다. 더 가지려는 마음, 더 얻으려는 마음, 이러한 마음은 추진력이 되어 움직인다. 그래서 뭐든 욕심을 가지라는 뜻이다. 공부에 욕심을 갖든, 돈에 욕심을 갖든, 사람에 욕심을 갖든, 남에게 피해주지 않는 선에서 뭐든 욕심을 가지고 움직여라! 그래야 발전이 있다.

공부할 수 있을 때 다른 것에 관심을 두면, 나중에 반드시 후회하게 된다. 공부할 수 있는 시간이 당신에게 주어졌을 때, 욕심을 가지고 죽을 만큼 최선을 다해라! 그다음 결과는 겸허히 받아들이고, 자신의 한계를 인정하라! 뭐든 욕심을 가져야 잘 산다.

감정에너지가 증폭될 때

사람마다 특정 부분에서 감정적으로 걸리는 부분이 있다. 이런 경우 자신이 살아온 환경 속에서 만들어진 감정적 피해의식인데 다른 상황에서는 크게 반응하지 않다가도 특정 부분에서 크게 반응하는 경우가 있다.

사람이 여유가 있으면 사소한 일들은 쉽게 넘어가지만 여유가 없는 상태에서는 사소한 부분을 조금만 건드려도 바로 공격적인 반응이 나오곤 한다.

자신이 감정적으로 반응하는 부분을 살펴보면 언제 그러한 상태가 되는지 알아두는 것만으로도 감정에너지를 조절할 수가 있다. 이러한 마음은 내재되어 있다가 비슷한 파장대의 상대를 만나 서로 감정체를 건드리면서 점점 감정이 증폭된다. 감정이 증폭되어 임계치를 넘어서는 순간 제정신이 아닌 상태에서 사자(使者)[7]짓을 할 가능성이 높다.

　사람들이 주로 싸울 때 감정에너지 증폭이 이루어지면서 소위 '눈이 뒤집힌다'는 표현이 있듯이, 제정신이 아닌 상태에서 감정폭발이 일어나는 경우가 있다. 이런 경우 주변의 비슷한 파동대의 사념체들도 모두 블랙홀처럼 빨아들이며 사소한 작은 싸움이 큰 싸움이 되어간다. 관객이 많을수록 큰 싸움이 될 확률이 높다. 그만큼 주변 사념을 끌어당기면서 힘이 증폭되기 때문이다. 싸움이 종료되고 난 뒤 반응은 '뭐가 씌었던 것 같다', '제정신이 아니었다', '내가 왜 그랬을까'라는 반응으로 나타난다.

　그만큼 감정에너지는 블랙홀처럼 주변 기운들을 흡수하여 연쇄폭발이 이루어진다. 이때 주변에 있던 사람들도 넋을 잃고 사건에 몰입하는데, 순간 혼을 쏙 빼놓듯 블랙홀 속으로 에너지가 빨려들어 가는 것이다. 즉 감정체에 쉽게 반응하는 사람들이 사자짓을 하기 쉽다. 사자짓을 하게 되는 순간 무대의 연기자와 같은 상황에 처하게 된다.

관찰자와 연기자

　사건·사고는 관찰자와 연기자로 나뉘어진다. 사건·사고를 일으킨 당사자들은 연기자가 되고, 주변 사람들은 관찰자가 된다. 사건·사고의 당사자가 되는 순간 하늘 사자(使者)의 주인공이 된다. 주인공은 그 상

7　하늘 일을 대신하는 사람, 혹은 악역을 맡는 사람

황에 몰입하고, 주변의 관찰자들은 관객이 되어 보게 된다. 이때 사자 짓을 하는 주인공은 자신이 뭔 짓을 했는지 나중에 상황이 종료된 다음 인지하며 후회를 할 테고, 관찰자도 어떤 상황에 몰입하면서 혼이 쏙 빠져나가게 된다. 여기에서 사건·사고의 당사자인 주인공은 일종의 감정에너지 배출구 역할을 하는 사람이 된다.

아무리 얌전하고 내성적인 사람이라 할지라도 그 안에 감정 증폭제가 될 만한 씨앗은 언제나 내재하고 있으며, 언젠가는 한 번 정도 감정 폭발을 겪을 수 있다. 그때그때 풀어내느냐, 아니면 쌓아두었다가 나중에 폭발하느냐의 차이이다.

화를 외부로 발산하는 사람은 사건·사고로 터지지만
화를 내부로 발산하는 사람은 병으로 치고 들어온다.

즉 에너지 폭발이 외파적이냐 내파적이냐에 따라 차이가 날 뿐이지 인간은 모두 에너지를 방출한다. 외부로 발산하는 외파형의 경우 싸움이나 교통사고 등에 노출되기 쉽고, 내부로 치고 들어가는 내파형의 경우 병으로 찾아온다. 따라서 자신이 어느 때에 어떠한 반응을 보이는지 알아둔다면 그러한 상황이 왔을 때 최대한 감정적이지 않고 이성적으로 문제를 해결할 수 있다.

어떤 사람은 돈에 민감하게 반응하는 사람이 있고, 어떤 사람은 인간관계에서 서운함에 민감하게 반응하는 사람이 있다. 각자 자신이 자라온 환경 속에서 만들어진 피해의식은 자기 에너지권 안에 블랙홀처럼 도사리고 있다. 반대되는 극성과 부딪쳤을 때 강하게 보호막을 치면서 공격성이 나오기도 한다.

자신을 아는 것만큼 중요한 것은 없다. 나의 모습 속에 없는 것은 상대 속에서 발견할 수 없다. 상대는 나를 비추는 거울이며 내가 상대를 싫어하는 것은 상대방을 통해서 비추어주는 자신의 모습을 싫어하는 것이다. 같은 파장대의 다른 극성에 강하게 반응하는 것이다.

내가 사자짓을 하지 않으면 주변의 다른 사람이 대체되어 사자짓을 하게 된다. 싸움이 일어날 때 순간 먼저 나서는 사람이 사자짓을 하는 연기자가 되는 것이고, 뒤에 상황을 관전하는 사람은 관찰자가 되는 것이다. 또한 감정체가 강하게 발동하는 사람이 먼저 튀어나가게 된다. 이런 사람들이 의협심이 강하고 정의로우며 정이 많다.

피해자와 가해자의 도킹

하고 싶은 말을 하고 듣고 싶은 말을 들으면 인간은 한이 남지 않는다. 그러나 하고 싶은 말을 하지 못하면 안에서 화가 나고, 듣고 싶은 말을 듣지 못하면 억울하다. 이것은 곧 에너지를 제로(0)로 돌리기 위한 감정의 움직임이다.

상대를 괴롭히는 가해자와 괴롭힘을 당하는 피해자 사이에서 상대를 괴롭혔던 가해자는 자신이 피해자 입장이 되고 난 다음에야 비로소 바른 상황이 보이기 시작한다. 우리는 이것을 역지사지(易地思之)라고 한다. 자신이 겪어보지 못하면 상대를 이해할 수가 없다. 사람은 자신이 가해자가 될 때는 잘 인지하지 못한다. 즉 상대방의 어려움을 모르고 상대방을 이해하지 않은 상태에서 가해를 한다. 죄책감을 느끼지 않는 상태이기 때문에 양심이 아직 발동되지 않는다. 그러나 막상 가해자가 피해자가 되고 나면 상황은 달라진다.

피해자는 아프다. 몸도 마음도 모두 아프다. 자신이 피해자가 되고 난 다음에야 비로소 피해자의 마음이 이해가 되는 것이다. 가해자 역할만 하던 사람은 한 번 두 번 하다가 양심이 작동되기 시작하면 그때 비로소 가해자 역할을 멈춘다. 그러나 피해자는 자신이 직접 당한 것이기 때문에 상처가 크다. 몸과 마음의 상처가 크기 때문에 억울한 감정이 생겨나면서 가해자 역할로 이동되는 경우가 많다. 이러한 피해의식은 가해자 역할로 가는 원인이기도 하다. 그래서 피해자는 잠재적 가해자이기도 하다. 많이 맞아본 사람이 사람을 때릴 수 있는 것이지 맞아보지 못한 사람은 사람을 때리기가 어려운 법이다.

의식확장과 성장

삶과 죽음이 공존하는 곳

병원은 삶과 죽음이 공존하는 곳이며, 이승과 저승의 경계선에 있는 곳이다. 병원만큼 삶의 엣지에 선 공간도 없을 것이다. 인간들의 온갖 군상을 볼 수 있는 곳이 병원이다. 나이 성별을 막론하고 가난한 사람부터 부자까지, 살면서 한 번쯤은 거쳐야 하는 곳이 병원이다. 이곳에서는 감추고 싶은 치부가 고스란히 드러난다. 육체적 치부뿐만이 아닌 정신적 치부까지도 드러나는 곳이다. 나를 온전히 드러내야 하는 곳이기도 하다.

인간 내면의 모순과 추악함, 반대로 인간의 강인한 정신과 숭고함까지 모두 공존한다. 삶에서 벌어지는 모든 양면성이 드러나는 곳이 바로 병원이라는 공간이다. 절망과 희망이 공존하고, 추악함과 숭고함이 공존하며, 삶과 죽음의 경계 그 어디쯤에 위치한다.

죽음이 있으면 탄생이라는 것이 있고, 누군가는 죽음이라는 선고를 받고, 누군가는 생명이라는 축복을 받는다. 누군가는 울고, 누군가는 웃는다.

병원이라는 장소에서는 인간의 추악한 단면도 볼 수 있지만, 인간의 숭고함도 볼 수 있다. 저 세계의 영혼이 들어오는 곳이기도 하고, 이 세계의 영혼이 저 세계로 떠나는 곳이기도 하다. 그래서 신과 귀가 머무는, 영혼의 판결이 이뤄지는 곳이 병원이다.

법원이 삶의 과정에서 발생하는 죄과의 유무를 판결한다면, 병원은 보이지 않는 카르마 질량도를 측정한다. 병원만큼 신(神)과 귀(鬼)가 개입하기 좋은 곳은 없다. 이번 생에 할 일을 다 하고 다음 생으로 떠나야 하는 사람도 있고, 자신의 모순점을 고치고 회복되어 나가는 사람도 있다.

카르마 질량을 체크하는 곳이 병원이다. 카르마 질량이란, 가문의 뿌리로부터 기원하며, 여러 생 동안 영혼이 쌓은 업의 무게이다. 업의 무게가 무거울수록 고질적인 질병을 달고 산다. 피해의식이 강할수록, 결핍이 심할수록, 고집이 셀수록, 병원 문턱을 드나들기 쉽다.

의사들은 대체로 카르마 질량이 센 사람이 한다. 피를 보는 직종은 그만큼 기가 세야만 하는 직업이다. 집안에 장애자나 아픈 사람이 있어도 병원과 연결되기 쉽고, 전생에 무사들도 의사와 연이 깊다. 또한 병원이라는 곳은 신과학의 테스트장이기도 하다. 새롭게 개발된 신(新)기기가 들어오고, 새롭게 만들어진 신(新)약도 들어오며, 온갖 실험 과정이 행해지고 있는 곳이다. 그래서 병원만큼 실험적이고 치열한 곳도 없다. 병원이라는 곳은 지구상에서 가장 치열한 배움터이다.

인간은 자신의 습관과 모순점은 잘 보이지 않는다. 자신의 잘못된 습관과 모순점은 상대를 통해서만 볼 수 있다. 내 가족의 모순점을 가족들은 잘 모르기 때문에 외부에서 며느리, 사위가 들어가 가문을 변화시켜 나갈 수 있다. 마찬가지로, 병원이라는 장소를 하나의 유기체로 보고, 이러한 조직 유기체를 치유하려면 외부에서 전체를 볼 줄 아는, 누군가가 들어와야만 그러한 곳의 문제점을 찾을 수 있다.

어떤 조직이든, 시간이 오래 지나면 매너리즘에 빠지면서 모순이 쌓이게 된다. 조직을 개편하든, 새로운 사람이 들어와 시스템을 바꾸든 해야 그 조직은 살아날 수 있다. 마찬가지로 병원이라는 곳은 그 어느 곳보다 순환이 잘 되어야 하는 곳인데, 어느 한 부분이 막히면 질병이 발생할 수밖에 없다. 그래서 조직을 치유할 사자(使者)가 등장해야만 한다. 특히 시스템 밖에서부터 전체를 볼 수 있는 신의 사자가 등장해야 한다.

치유는 외부의 기운이 들어와야만 치유가 될 수 있다. 자신의 오랜 습관에서 비롯된 질병이기 때문에 이 습관을 강하게 뜯어고칠 수 있는 검(劍)을 든 사람만이 질병을 치유할 수 있다. 조직도 마찬가지로, 검을 든 사자만이 조직의 병을 고칠 수 있는 법이다.

아이를 낳는 목적이 무엇인가?

결혼은 왜 해야 하며, 아기는 왜 낳아야 하는지도 모르면서 그저 남들이 하니까 혹은 부모님이 하라니까 결혼하고 애를 낳는다. 크게 보앗을 때, 아기를 낳는 목적은 인류 진화를 위해서이다. 즉 나보다 더 좋은 씨앗을 만들기 위해서 공을 들이는 것이다. 자식에게 공을 들이는 목적이 내 새끼라서가 아니라 나보다 더 뛰어난 인간완성을 이루어내기 위함인데, 아이를 낳는 목적이 '외로워서', 혹은 '남들 다 낳으니까' 하며 낳는다.

어떤 대상에 공을 들일 때는 너무 과도하게 들이거나 혹은 너무 무관심하면, 그에 상응하는 반작용이 나오기 때문에 적절하게 공을 들일 필요가 있다. 그래서 세상에 뜻대로 안 되는 것이 바로 자식이며, 제대로 된 인간을 만드는 것이 가장 힘든 일이기도 하다.

아기를 낳았으면 잘 키워야 할 의무가 주어진다. 잘 키운다는 것은 좀 더 성숙하고 좀 더 나은 종자를 만들어내는 것이다. 인간이 태어난 것은 그냥 먹고 살기 위해서 태어나는 것이 아니다. 먹고 사는 것은 짐승들도 한다. 인간이 인간으로 태어났다는 것은 인간짓을 하라고 인간으로 태어난 것이다.

아기는 부모를 복제한다. 부모의 말과 행동을 그대로 보고 그대로 따라 한다. 아기를 잘 키운다는 것은 부모가 바른 행동을 해야만 가능하다. 부모가 잘못된 습관과 행실을 보여주면, 자식은 부모를 보고 부모를 배운다. 그렇기 때문에 가장 큰 교육은 학교 교육이 아니라 부모가 부모로서 모범을 보이는 것이 가장 큰 교육이다.

아기를 낳는 순간, 부모는 아기의 감시대상이 된다. 부모의 업(業)은 자식에게 고스란히 대물림되기에 자식의 행동 원인은 모두 부모로부터 기인한다. 아기가 태어나는 순간부터 부모는 함부로 행동할 수가 없다. 그래서 부모의 책임이 무거운 것이다.

지구에는 성인에 버금가는 고차원 의식도 들어왔지만, 짐승에 가까운 저차원 의식도 함께 공존한다. 고차원 의식과 저차원 의식이 섞이면서 전체 의식 수준을 향상시켜 인류를 의식적으로 진화시키는 것이 이 지구의 목적이다. 그러나 지구에 생명을 잉태하는 종류는 고차원 의식을 가진 사람보다 저차원 의식을 가지고 있는 사람들이 자식을 더 잘 잉태한다.

아기를 낳아서 기르고 있다면, 밖에 나가서 행동할 때에도 부모가 먼저 모범적인 행동을 보여라! 아이들은 부모를 그대로 복제한다.

부모가 싸가지가 없으면 자식도 싸가지가 없고, 부모가 바르면 자식도 바르다. 그래서 자식은 부모의 얼굴인 것이다.

아이를 보지 말고, 나를 보라!
아이를 고치려 하지 말고, 나를 고쳐라!
나를 고치면 자식은 나를 보고 바뀐다.
행복한 부부 밑에 바른 자식이 나오는 법이다.

신(神)갈이

우리의 물질 육체는 육체를 운용하는 영혼이 존재한다. 영혼 외에 우리 육체 속에는 한 신만이 존재하는 것은 아니다. 의식이 성장하면 성장할수록 그 의식 크기에 맞는 신들이 내려앉는다. 계절이 바뀔 때마다 나무가 옷을 갈아입듯, 의식이 성장할 때마다 사이즈에 맞는 신들이 내려온다. 내 그릇 크기에 맞게, 내가 받아들일 수 있는 크기만큼의 신들이 들어오고 나간다. 물론 반대로 내 의식이 고착되어 집착에 시달리면, 그에 맞는 귀와 신들이 내 육체로 당겨져 들어오게 된다.

옷을 갈아입듯, 우리는 우리 의식에 걸맞은 신의 옷을 갈아입는다. 옷이란 것은 우리 의식을 나타내는 표현 도구이듯, 신이 우리 육체에 스며들면, 우리의 의식도 신 의식에 맞게 변화하고 깨달아간다. 즉 내 안의 영혼 내용물에 따라 내 육체의 모습도 변해간다.

집착과 욕심이 심하면 그에 맞게 관상이 바뀌듯, 신은 우리 육체기관을 통해 자신을 드러낸다. 신이 바뀌면 말하고 생각하고 표현하는 것이 변한다. 신이 바뀐다고 해서 전혀 다른 신이 들어오는 것은 아니다. 자신과 연줄이 있어야 들어올 수 있다.

대체로 신갈이 주기를 살펴보면, 부모로부터 멀어지는 21살부터 약 7년 주기로 변화한다. 물론 사람마다 차이는 조금씩 있다. 21살부터는 나를 보호하고 있던 보호신이 뒤로 물러나고, 카르마 관련 신들이 들어오면서 새로운 인연을 만나고 사건·사고가 펼쳐지면서 카르마의 소용돌이 속에 휩싸인다.

짧게는 7년, 길게는 14년간 카르마 소용돌이를 겪은 후, 차츰 카르마와 관련된 조상신들이 우리 몸을 빌어 해원을 한 후, 우리의 의식과 관념을 변화시키고 나면, 이후에 더 큰 신이 우리 몸에 안착하게 된다. 사건·사고는 우리의 관념을 해체시키는 신의 작업이다.

시련과 고난을 겪을 때 우리의 관념이 무너진다. 관념이 무너진 곳에 새로운 의식이 자리 잡고, 의식의 확장을 통해서 큰 신이 안착할 수 있다. 시련과 고난 속에서 인간의 영혼은 더욱 성장할 수 있다. 나무가 겨울에 뿌리를 더 견고하게 하듯, 인생의 겨울 속에서 나를 더 단단하게 만들 수 있다. 이 시간은 나를 바꾸어 새로운 존재로 재탄생할 수 있는 깨달음의 시간이다.

계절이 바뀌듯 운명의 주기가 바뀔 때 신갈이가 일어난다. 신갈이의 시간은 '운(運)갈림의 시간'이다. 누군가는 신이 떠나고 누군가는 새로운 신을 맞이한다. 신이 떠나면 정련의 시간을 갖는 인생의 겨울이 오고, 신이 찾아오면 세상에 빛을 밝혀주는 봄이 찾아온다.

신갈이는 모두에게 있는 일들이지만 눈치를 채고 못 채고는 본인 역량에 달려있다. 봄이 오듯, 누군가는 새롭게 신을 맞이할 준비를 한다. 신 맞이는 스스로의 각성과 변화 속에서 이루어진다.

5장

....

미래의 도킹

문명의 업그레이드

인간이 만든 문명이란?

인간이 만든 문명이란, 우리 인간이 먹고, 싸고, 자고, 종족을 번식하기 위한, 즉 생존본능을 위한 물질들을 만들어가면서 성장 발전해 왔다. 인간은 먹어야만 생존을 유지할 수 있는 생명체이다. 그래서 고대로부터 식량을 얻기 위해 노력해왔고, 지구환경 자체가 불안정하기에 식량의 빈곤에 시달릴 것을 염려하여 식량을 더 많이 확보하고 보존하려 노력해왔다. 그러는 와중에 부족한 식량을 확보하기 위해 전쟁을 하고 싸우면서 영토가 분할되고 또 서로 간 지켜야 할 규범들을 만들어냈다.

누울 집이 있어야 하고, 물이 나오는 시설이 있어야 하며, 음식을 만들기 위한 각종 채소와 음식 재료들이 필요하며, 배출을 위한 화장실이 필요하고, 종족을 이어야 하기에 결혼하고 아기를 낳으며, 아기를 기르기 위해 필요한 물품과 가르칠 교육이 필요하고… 이런 생활을 영위하기 위해 노동을 해야 하는 구조로 문명 시스템이 만들어져 있다.

우리 인간의 문명이란, 철저히 생존본능을 위해 만들어졌고, 불완전함을 완전함으로 만들기 위해 수많은 물질들을 탄생시켰다. 좀 더 편리한 것을 만들고, 좀 더 유용한 물건을 만들며, 기존에 만들어진 물건의 오류를 잡아 더 완벽한 물질을 탄생시키는 그 과정 속에서 수많은 물질들이 생산되었다. 그러고 보면 인간의 문명이란, 완전한 것을 만들어가기 위해 만들어진 불완전한 것들의 성(城)이다.

과거 TV가 나올 때만 하더라도 처음 흑백 TV라도 영상을 전송할 수 있다는 것 자체가 획기적인 발명이었다. 또 완벽한 줄만 알았다. 이후 컬러 TV가 나오고, 더 선명한 화질을 만들기 위해 여러 가지 기술들을 개발하고, 더 얇고 더 가벼운, 나아가 모니터가 휘어진 TV를 만들고, 앞으로는 2차원적 화면이 아닌 3차원적 홀로그램 TV가 나오는 시대로 발전해 가고 있다. 점점 더 편리하고, 점점 더 진짜같이, 점점 더 세련되게 바뀌고 있다. 이렇게 만들어진 것이 우리 인간이 만든 문명이다.

결국 불완전을 완전으로 돌리고, 좀 더 신의 창조물에 가깝게 만들어가려고 노력하면서 인간은 점점 신의 영역으로 진입하려 하고 있다. 그러나 지구를 벗어날 수 없는 한 우리는 결코 신이 될 수 없다. 갇힌 신이 어떤 힘을 쓸 수 있겠는가?

우리 인간이 신의 영역에 도전한다는 것은 공간과 시간을 가로질러 어느 곳에도 매이지 않는 자유로움을 부여받아야만 비로소 신의 영역에 도전할 수 있다. 그러나 인간의 생물학적 육신으로는 도저히 이 지구를 벗어날 수 없다는 점이 우리 인간의 한계이다. 생물학적 육신을 유지하기 위해 문명이 발전하였고, 이 육신은 외계 존재의 몸보다는 덜 진화한 몸이다. 맨몸으로 지구를 벗어나면 생존하기 힘든 것이 우리 인간 육신이기 때문이다.

내가 생각했을 때 지금의 과학이란, 초기수준의 단계에 지나지 않는다. 저 우주 밖의 외계 존재가 우리 지구인을 본다면, 지구 밖을 한 발자국도 나가지 못하는 우리를 어떻게 볼까? 그저 눈앞의 이익에만 매달리며 살고 있는 우리를, 생존을 위해 살고 있는 동물과 같은 존재로 여길지도 모른다.

문명의 업그레이드와 통합

지금의 세상은 물질의 풍요 속에서 살고 있다. 과거에는 귀족들만 접할 수 있었던 물건들도 지금의 세상에서는 돈만 있다면 귀족처럼 생활할 수 있는 세상이 바로 오늘날이다. 피가 귀천을 나누는 시대에서 돈이 귀천을 나누는 시대가 되었다. 누구나 돈이라는 에너지를 가지고 있으면 풍부한 자원을 쓰면서 풍요를 누릴 수 있는 세상이다. 이러한 물질적 풍요를 누리고 있으면서 우리는 이러한 시대를 만들어낸 선조들과 윗대 분들에 대한 고마움은 잘 모른다. 그냥 원래부터 있었던 것처럼 쓰고 있을 뿐이다.

사실 물질적 업그레이드가 된 것은 1·2차 세계대전을 통해서이다. 이때 수많은 실험과 발명이 탄생되었으며, 하나의 발명은 주변에 새로운 발명을 이끌어내며 문명을 업그레이드시켰다. 문명의 업그레이드는 혼자서 이끌 수 있는 것은 아니다. 수많은 아이디어와 발명이 결합되면서 새로운 창조가 발생하는 것이다. 시대적 상황과 창의적 아이디어는 새로운 상품을 탄생시켰고 새로운 문화적 흐름으로 발전해나갔다.

서양의 명품 중 에르메스를 예로 들면, 에르메스는 말 안장의 가죽 공예와 말의 치장으로부터 시작된 브랜드다. 서양 귀족들은 말의 치장에 공을 들였으며 고급 가죽으로 말 안장을 만들었고, 여기에 고급 체인을 연결하였는데 말에 하던 치장을 그대로 사람에게 옮겨와, 말 안장을 이용하여 가방을 만들고 체인을 이용하여 팔찌를 만들었다. 또한 가죽제품에 지퍼라는 발명품을 결합하여 지금의 가방 형태가 탄생할 수 있었다.

지퍼의 발견은 의류산업에 큰 혁명을 일으켰다. 쇠를 겹쳐 톱니바퀴처럼 연결하여 단숨에 여밀 수 있는 장점을 가지고 있어서 단추보다 더 기능적이고 실용적인 부자재가 되었다.

전통(가죽공예)과 발명(지퍼)이 만나 새로운 상품(가방)을 만들어냈고, 거기에 아름다움이 가미되어 최고의 상품이 만들어진 것이다.

장인과 디자이너 그리고 발명가가 결합되어 새로운 창작물이 탄생한 것이다. 물질에 공을 들이고, 물질에 아이디어를 넣고, 물질에 아름다움을 가미하여 최고의 상품이 탄생한다.

반면에 샤넬은 전쟁으로 여성들이 생계를 책임지면서 사회로 나오게 되자 군복과 여성 옷을 결합하여 샤넬만의 스타일을 탄생시켰다. 즉 시대적인 변화와 패션이 맞물려 새로운 창조가 이루어진 케이스이다.

물질이 업그레이드되려면 재능과 아이디어가 결합해야 새로운 물질이 탄생할 수 있다. 지금의 스마트폰도 디자인과 발명, 그리고 기술이 결합된 통합 아이디어 제품이다. 여기에 시대적 요구가 맞물리면서 새로운 흐름을 만들어냈다.

혼자만의 발명과 재능은 쓰이지 않으면 빛을 발할 수가 없다. 그래서 이러한 모든 것을 통합하는 자가 필요한 것이다. 각자 타고난 재능과 재주를 통합하여 새롭게 재탄생시킬 수 있는 자가 앞으로의 시대를 이끌어 갈 것이다. 이러한 사람이 바로 지도자이자 리더이다.

리더란, 사람들의 재능과 재주를 널리 이롭게 쓸 수 있는 사람이다. 또한 리더는 시대를 앞서서 이끌어가는 사람이다. 리더를 알아보는 것도, 리더에게 힘을 실어주는 것도, 우리의 몫이다. 우리에게 요구되는 것은 시대를 이끌어갈 리더를 알아보는 안목이 필요하다.

차원 업그레이드와 발명

누군가는 처음 길을 만들고,
누군가는 그것을 확장했으며,
누군가는 한 단계 업그레이드시킨다.
1대는 길을 내고,
2대는 길을 확장하며,
3대에서는 두 갈래로 갈린다.
차원 업그레이드 하던가, 아니면 없어지던가.

누군가의 최초 발명은 그다음을 잇는 발명가에 의해 좀 더 진화되어 간다. 처음 길을 가는 사람은 외롭고 힘들다. 길이 아닌 길을 만들어 가야 하기 때문에 수많은 시행착오를 거치면서 단단한 의식의 벽마저 부수어야만 그 길로 나아갈 수 있다. 대부분의 사람들이 의식의 단단한 벽에 부딪혀 좌절하는 경우가 많다. 처음 길을 내는 사람은 단단한 의식의 벽을 뚫는 해커이다. 그들은 남들과는 다른 인생을 살며, 남들과는 다른 생각을 갖고 산다.

누군가 갖고 있는 생각과 이상이 시대와 맞아떨어지면 그 생각은 세상을 움직이는 생각이 되고, 그 생각이 시대와 맞아떨어지지 않으면, 세상과 다리를 놓아줄 제2의 사람에 의해 그 사상이 세상에 나온다. 발자취를 따라가는 다음 사람, 또 그다음 사람이 길을 내면, 언젠가 그 길은 많은 사람이 걸을 수 있는 대로(大路)가 되는 것이다.

길을 만드는 사람은 대체로 남들과 다른 생각, 다른 마인드에서 나올 수 있다. 누군가는 새로운 길을 만들려 하고, 누군가는 기존의 길을 고수하려 한다. 나아가려는 자와 지키려는 자가 세상을 이끌고 세상을 유지시킨다.

지금 우리가 누리고 있는 물질의 편의는 1·2차 세계대전을 치르면서 발명된 것들이다. 히틀러라는 악역은 인간의 한계를 극한으로 몰아붙이면서 인간의 모든 창의력과 모든 기술력을 쥐어짜게 만든 주역이기도 하다.

전쟁이란, 누군가에게는 기회요, 누군가에게는 저주이다. 어떤 이는 전쟁으로 성공하고, 어떤 이는 전쟁으로 죽는다. 전쟁은 뺏고 뺏기는 본능이 충돌하는 지점이지만, 아이러니하게도 인류 의식을 끌어올리는 신(神)의 작업이기도 하다. 보잘것없는 인간 입장에서는 거대한 물결에 휩쓸리는 것이지만, 신의 입장에서는 거대한 물결을 일으켜 판을 짜는 과정인 것이다. 이때에는 빠르게 운이 교차한다. 누군가는 성공하고, 누군가는 떨어지고, 만날 수 없는 인연이 만나기도 하고, 전혀 갈 수 없는 지역으로 이동하기도 하며, 사랑하는 사람과 헤어지기도 한다.

인류의 의식을 한 단계 끌어올리는 것은 기존의 관념을 부수어야 가능한 일이다. 전쟁이란, 한편으론 기존의 관념을 부수는 작업이기도 하다. 인류가 쌓아올린 관념의 성을 전쟁이라는 파괴의 도구로 모두 부수고, 다시 새로운 판을 깔면서 인류는 진화·발전해왔다.

전쟁은 신의 작업이다. 파괴의 신이 움직일 때마다 모든 물질과 관념이 무너진다. 파괴의 신이 일을 다 하고 나면 창조의 신이 그다음 일을 한다. 창조의 발판 위에 유지의 신이 들어와 관리를 시작한다. 그래서 파괴의 신, 창조의 신, 유지의 신이 하나처럼 움직인다.

미래 기술과 마인드 차이

과학자와 의사의 시간은 다르다

지금 시대의 의학, 과학 기술은 1·2차 세계대전을 거치면서 그 틀을 확립하였다. 1·2차 세계대전은 기술의 실험장이라 불릴 만큼 인류의 큰 희생 속에 수많은 기술과 발명품들이 탄생했다. 인류의 희생을 먹고 자란 과학기술은 현대과학의 기틀을 확립했고, 우리는 이 기술들의 편의를 누리고 있다. 인류의 희생 속에 만들어진 문명의 틀 위에서 현시대를 살고 있는 우리는 또다시 미래를 열어갈 새로운 미래의 틀을 만들어가고 있는 중이다.

과학기술은 현시대의 수많은 실험을 통해 탄생했다. 다르게 표현하자면 과학기술이라는 것은 미래의 꿈을 위해 현재의 희생을 담보로 한다. 특히 의학기술은 인간의 희생을 요구한다. 우리 인간이 더 오래 더 건강하게 더 아름답게 살기 위한 욕망은 의료과학기술을 발전시켰고, 누군가는 이 기술들의 희생양이 되기도 하였다.

미래의 기술은 인간 한계를 뛰어넘어 인간이 신의 경지에 들어서는 연구들이 진행되고 있다. 인간의 정신을 통합할 인공지능(AI)기술과 인간 육신을 대체할 복제기술이 바로 신의 경지에 다다른 기술이 된다. 이 두 기술에서 파생되는 발명들은 또 어마어마하다.

AI(Artificial Intelligence) 기술은 인간의 육신을 실험하지 않으나(인간 정신을 실험한다) 복제기술은 인간 유전자를 실험하는 것이기에 그 부작용 또한 만만치 않다.

사실 기술이라는 것은 판도라의 상자와 같다. 인류에게 편의라는 선물을 줄 수도 있는 반면에, 인류에게 재앙 또한 줄 수 있기 때문이다. 그래서 신의 선물은 인간의식 상승과 발맞추어 내려진다. 인간이 불을 다룰 수 있다고 판단되었을 때 프로메테우스의 불이 내려지는 것이다.

인간복제기술은 과학자와 의사가 함께 진행하는 프로젝트이다. 2004년 줄기세포 관련 이슈는 과학자와 의사의 도킹이 안 이루어졌던 사건이다. 표면적으로는 여러 가지 원인이 있겠지만 내면을 바라보면 과학자와 의사의 마인드가 달라서 발생한 문제이다.

과학자의 직분과 의사의 직분은 다르다. 간단하게 과학자는 연구하는 사람이고, 의사는 치유하는 사람이다. 위 사건은 서로 다른 두 집단이 함께 일을 하다 보니 발생한 문제로 판단된다.

과학자는 실험과 연구를 통해 인류를 위한, 또는 우리 후손을 위한 미래를 만들어가는 사람이라면, 의사는 현재의 인간을 치유하는데 그 목적성을 둔다. 간단하게 다시 설명하자면, 과학자는 미래를 위한 연구자이고, 의사는 현재를 위한 치유자이다.

과학자는 미래 인류와 후손을 위해, 더 나은 미래를 만들어가려 하기 때문에 현재의 일보다는 미래의 일들에 더 포커스를 두는 반면에, 의사는 현재 처한 현실과 지금의 상황 등에 초점을 맞춘다.

임상실험대상을 두고도 과학자의 견해와 의사의 견해는 완전히 다르다. 과학자는 실험이 성공하게 되면, 한 사람이 아닌 더 많은 인류를 살릴 수 있다는 것에 중점을 두고 일을 진행하게 된다면, 의사는 현재 자신에게 다가온 환자의 생명에 더 중점을 둔다는 점이다. 최초 여기에서 의사와 과학자의 견해 차이가 벌어지면서 발생한 일련의 사건들로 보인다.

인간을 대상으로 한 임상실험을 두고도 임상실험은 과학자에게 반드시 거쳐야 하는 필수요건 중 하나가 될 터이나, 의사에게는 인간 생명을 위협하는 말도 안 되는 행위라고 여길 것이다. 이러한 관점은 누가 옳다 나쁘다의 판단을 내릴 수 없다.

내가 보았을 때, 의사는 의사 직분에 충실해야 하고, 과학자는 과학자 직분에 충실해야 한다. 과학자는 처해진 환경과 현재의 이익보다도 더 큰 인류의 미래와 후손들을 위한 발명을 해야 한다는 명분을 가지고 있기 때문에 현재의 관념을 초월한 사람들이다. 현재의 관념을 초월한 사람만이 새로운 의식을 끌어올 수 있는 법이다.

의학기술, 과학기술 모두는 인류의 희생 속에 만들어진 기술이다. 전쟁은 인류를 극한으로 몰아치면서 인간의식을 끌어올리는 촉매제 역할을 하였다. 전쟁 속에서 과학자들은 온갖 실험을 할 수 있었고, 그 결과 지금의 우리가 누리는 문명의 편의는 전쟁통에 만들어진 인류

희생의 대가이기도 하다.

과학자는 인간의식을 초월하고, 인간관념을 뛰어넘어야만 새로운 것을 창조하고 발명할 수 있다. 현재를 살고 있는 인간관념에 묶여있으면 절대 새로운 것을 창조할 수 없다.

과학자는 프랑켄슈타인을 탄생시키는 선과 악을 모두 포함하고 있는 창조자에 비유할 수 있다. 이들에게 인간적 잣대와 인간적 관념으로 이야기한다면, 이들의 창조성을 없애버리는 것이기도 하다. 반면에 의사는 철저하게 현실적이어야 한다. 현재 눈앞에 벌어진 상황을 진단해야 하고, 현재 눈앞의 상황을 처리해야만 한다. 그래서 의사는 현실주의자이고, 현재에 묶여있으며, 현재를 살고 있다.

의사와 과학자는 머무는 시간 자체가 다르다. 의사는 현재의 시간에 머물고, 과학자는 미래의 시간에 머문다. 과학자는 멀리 길게 보고 가는 길이라면, 의사는 짧고 좁게 보고 가는 길이다. 그래서 의사와 과학자는 함께 길을 걸어갈 수가 없다.

의사는 기술을 현재에 활용하려 하고, 과학자는 미래에 활용하려 하기 때문에 의사와 과학자가 함께 일하게 된다면 여러모로 과학자에게 불리하게 적용될 것이다.

가상시대, 스마트시대

3차원에서 4차원으로 넘어가는 관문의 시대

전화와 컴퓨터가 결합해서 스마트폰이 탄생했고, 차와 컴퓨터가 결합해서 스마트카가 탄생했으며, 기존 실생활에 있던 사물과 컴퓨터가 결합하고, 물질과 컴퓨터가 결합하고 통합되면서 하나의 살아있는 생각을 만드는 인공지능으로 진화하고 있다. 한마디로 표현하면 기계에 생각이라는 것을 입히고 있는 과정이다.

단순히 생명이 없던 기계에 생명을 불어넣듯, 인간의 생각 방식을 기계에 주입시키면서 인공지능이 탄생하는 것이다. 신이 인간의 육신에 영혼을 불어넣듯, 우리 인간은 기계에 생각을 주입시키고 있다.

신이 인간 육신에 영혼을 담을 때, 전생의 정보를 토대로 영혼 에센스를 담듯, 우리 인간은 기계에 우리 인간들의 사고 패턴을 입식시킨다. 우리 인간은 신을 닮았고, 신을 복제하면서 따라가고, 기계는 점점 인간화가 되어가고 있는 중이다.

앞으로의 세상은 과거 인간이 하던 노동을 기계가 대신하는 세계가 될 것임은 자명하다. 그중에서도 서비스업, 운수업, 육체노동 등 몸을 써서 하는 단순 반복행위들은 기계들이 대체할 것이고, 더불어 기본적인 생각이나 계산, 패턴 분석 등도 컴퓨터가 대신할 수 있는 일들이 될 것이다. 미래를 준비한다면 기존의 이런 일들 말고 인간만이 할 수 있는 창의적인 일들을 찾아야 할 것이다.

지금의 시대는 3차원에서 4차원으로 넘어가는 관문의 시대이다. 평평한 대지 위에 단층으로 집을 짓던 시대를 지나 고층으로 건물을 쌓아올리고, 물질에 생각을 부여하고, 인간이 쌓아올린 수많은 정보를 기계 속에 모두 통합을 하고 있다. 시간이 흐를수록 물질의 크기를 키우기보다는 물질에 질량을 높이는 방향으로 흘러간다.

가상현실[8]과 증강현실[9]은 물질이 4차원으로 들어가는 관문을 열어줄 것이다. 컴퓨터라는 기계 속에는 수많은 정보가 들어가 있고, 겉으로 볼 때는 고철 덩어리에 불과하지만, 그 안에는 인간의 생활을 좌지우지하는 수많은 정보가 들어있는 마법상자와 같다. 기존에 우리는 2차원적 평면 위에서 모든 작업을 수행했지만, 이제는 컴퓨터 안에서 3차원적 작업을 할 수 있게 되었다.

---

8 컴퓨터에 만든 가상세계로, 사람이 실제와 같은 체험을 할 수 있도록 하는 첨단 기술

9 우리 눈에 보이는 현실세계에 가상 물체를 합해서 보여주는 첨단기술

홀로렌즈[10] 안에 3차원 가상공간이 펼쳐지고 개발자는 홀로렌즈를 착용하고 가상현실 속에 깔린 프로그램을 통해 가상공간 속에 디자인 한다.

기존 컴퓨터는 그림을 그릴 때 2차원으로 그리고 2차원 평면으로 출력하였다면, 홀로렌즈를 통해 만들어진 3차원 디자인 제품은 3D 프린터를 통해 입체적으로 출력된다. 즉 이것은 컴퓨터가 2차원에서 3차원으로의 진화를 알리는 서막이다. 3차원으로 작업하고 4차원 홀로 영상을 보게 되는 것이다.

가상현실과 증강현실은 앞으로 계속 발전할 것이고, 무엇이 현실이고 무엇이 가상인지, 무엇이 기계이고 무엇이 인간인지 구분할 수 없을 정도로 발전해 나갈 것으로 보인다. 인류가 쌓아올린 기술이 하나로 통합되고 있는 세상이기 때문에 기술이 하나로 통합될 때, 우리는 새로운 차원으로 진입하게 될 것이다.

3차원에서 4차원으로 가는 관문에서 스마트폰, 스마트카가 나왔듯, 앞으로는 스마트드론, 스마트비행기가 나올 것이고, 스마트비행기는 곧 UFO의 초기 버전이 될 것이다.

빠르게 변화하는 시대에 발맞추어 우리들의 의식도 그에 걸맞게 빠르게 맞추어 나가야 한다. 기계가 발전하는 속도만큼은 아니더라도 정보를 빠르게 흡수하고 빠르게 분석하여 통합해 나가야 한다.

---

10 컴퓨터에 만든 가상 세계에서 사람이 실제와 같은 체험을 할 수 있도록 안경이나 머리에 쓰는 증강현실 기기

생각이 굳어지고 관념화가 되면 시대적 변화를 따라가기가 힘들다. 생각이 고리타분해진다는 것은 늙어가고 있다는 표시이다. 정보를 받을 수 있는 환경은 구축되어 있고, 얼마나 내 앞에 다가오는 정보들을 흡수하고 통합하느냐는 본인의 역량에 달려있다.

지금은 정보의 시대이다. 누가 얼마나 좋은 정보를 가지고 사람들의 의식을 선점하느냐에 미래가 달렸다고 해도 과언이 아닐 만큼 사람들이 쏟아내는 아이디어는 갈 곳을 찾아 헤매고 있는 형국이다.

아이디어가 아이디어로 빛나려면 자금줄을 만나야 하고, 자금줄을 만나야 아이디어가 배포된다. 자금줄이라는 것이 일종의 물줄기와 같아서 에너지를 흐르게 하기 때문이다. 또한 자금이라는 것은 사람들의 인기를 따라간다. 인기가 많은 사람 곁에 사람이 모이고, 사람이 모이면 자연스럽게 돈이 따라온다. 이러한 흐름의 메커니즘으로 볼 때, 아이디어가 있는 사람은 아이디어를 빛내줄 자금줄을 찾아야 하고, 아이디어와 자금이 만나 확장 발전되는 것이다. 돈은 아이디어가 있는 곳으로 흐른다.

자기유도와 자기공명의 메커니즘

컴퓨터는 계속해서 진화·발전해나간다. 집채만 한 컴퓨터는 점점 작아져 손바닥 안의 휴대폰 속으로 들어왔고, 모니터는 한없이 가볍고 얇아졌으며, 선은 점점 사라지고 있다. 랜선을 꼽지 않아도 인터넷이 되고, 코드를 꼽지 않아도 컴퓨터를 사용할 수 있다. 이제는 스마트폰과 사물을 연결하고, 스마트폰으로 사물을 조종하는 시대가 열리고 있다. AI(Artificial Intelligence) 인공지능은 갈수록 똑똑해지고 있고, 인간의 직업을 대체하고 있다. 이제는 차도 스마트폰과 차를 결합하여 무인 전기차가 실험 운행되고 있는데, 스마트폰과 전기차의 충전방식을 살펴보면 다음과 같다.

스마트폰 충전은 자기유도(MI-Magnetic Induction) 방식이고,
전기차 충전은 자기공명(MR-Magnetic Resonance) 방식이다.

왜 내가 자기유도(MI) 방식과 자기공명(MR) 방식을 이야기하느냐 하면, 과학기술의 원리라고 하지만 여기에는 영적인 원리가 동시에 포함되어 있기 때문이다.

첫 번째 스마트폰을 충전하는 자기유도 방식은 코일에 교류 전기를 흘리면 자기장이 형성되고 가까운 곳에 있는 다른 코일에 전기가 유도되는 원리이다. 즉 기계에 자기장을 형성시켜 주변 전도체로 전기가 유도되는 원리를 이용한 것인데 인간에게도 자기유도 방식이 적용된다.

한 사람이 우울한 감정에 몰입되어 있으면, 그 사람의 파장은 고스란히 주변에 전달되어 같은 공간 안에 머무는 사람들 전체가 우울한 감정에 휩싸인다. 인간도 전자기 에너지가 있기 때문에 자기장을 형성하고, 또 주변 사람들에게 서로 영향을 끼칠 수 있는 것이다. 특히 감정체의 경우, 전염이 잘 된다. 그래서 우울한 사람 주변으로는 우울한 파장이 감돌고, 그러한 파장을 주변 사람들도 쉽게 감지할 수 있는 것이다.

두 번째 자기공명(MR) 방식은 공명 주파수의 에너지를 흡수하는 방식인데 일종의 공진현상을 이용한 방식이다.

공진현상이란? 소리굽쇠를 때려 진동시킬 때 이 소리굽쇠와 진동수가 정확히 일치하는 다른 소리굽쇠는 때리지 않아도 진동한다. 즉 외부에서 힘을 가할 때 진동수가 같은 것끼리는 동시 공명한다는 뜻이다.

모든 물체는 자기만의 진동수를 가지고 있다. 물론 사람도 예외는 아니다. 의식세계에서도 이 공진현상은 광범위하게 퍼져있고 적용할 수가 있다. 특히 귀(鬼)의 세상에서 이 공진현상은 두드러지게 나타난다. 어떤 외부 충격이나 외부에서 힘이 가해지면 비슷한 파장을 지닌 사람들은 동시적으로 반응한다. 자신이 직접 외부충격을 받지 않았음에도 불구하고 감정적 반응을 하게 된다. 한마디로 귀들은 혼자 날뛰지 않고 비슷한 파장대끼리 동시 반응한다는 이야기이다.

어떤 사건이 터졌을 때, 어떤 사람은 반응하지 않고, 어떤 사람은 강하게 반응한다. 강하게 반응하는 사람은 터진 사건과 비슷한 진동대에서 진동하고 있기 때문에 강하게 반응을 하는 것이다. 감정이 강하게 발동했다는 것은 자신의 문제라는 이야기이다.

이것을 두고 감정이 발동하지 않은 사람에게 당신은 감정도 없느냐고 말할지 모르겠지만, 감정에 반응한 것은 상대가 아니라 당신이기 때문에 당신 앞에 다가온 문제가 되고, 이 문제를 풀어야 하는 사람은 상대가 아니라 바로 당신이다.

이제는 스마트폰을 충전할 때 스마트폰을 들고 방 안에 들어가기만 해도 스마트폰이 충전된다. 인간도 에너지를 충전할 때, 음식물로도 에너지를 섭취하겠지만 인기(人氣)를 통해서도 에너지를 충전한다. 어떤 사람은 사람에게 기를 빼앗기고, 어떤 사람은 사람에게 기를 충전받는다. 즉 어떤 사람은 전력이 많은 주유소 같은 사람이 있는가 하면, 어떤 사람은 많은 전력을 필요로 하는 사람도 있다. 특히 결핍이 심하거나 카르마가 돌면 많은 전력을 필요로 한다. 에너지 관리를 잘하는 사람은 주유소처럼 에너지를 잘 관리하지만, 어떤 사람은 여기저기 기를 빨리고, 또 기를 흡수하러 돌아다닌다.

당신은 어떤 유형인가? 에너지를 주는 사람인가? 에너지를 뺏는 사람인가? 또 어디에 에너지를 빨리고, 또 누구를 통해 에너지를 섭취하는가? 한번쯤은 생각해 볼 일이다. 앞으로의 세상은 기술이 영적 현상을 증명하는 세상이 될 것이다.

스마트 이전과 스마트 이후의 세상

인간의 지식과 지혜가 모여 탄생된 기술이 실생활에 활용되면서 우리는 좀 더 편리한 삶을 누리게 되었다. 인간이 하던 일들을 기계가 대신하고 인간은 좀 더 창조적이고 예술적인 일에 집중할 수 있게 되었다.

지금의 시대는 기술력이 사람을 진보시키는 시대이다. 기술발달에 따라 우리의 실생활이 변화하고 달라지고 있다. 그만큼 기술발전에 인간의식이 맞추어 따라가고 있는 형국이다.

세상은 스마트 이전과 이후로 나눠진다. 스마트 이전의 세상이 기술을 발전시키고 성장과 진화를 이끌어 수직으로 올라가는 세상이었다면, 스마트 이후의 세상은 성장을 마치고 보편적 분배가 시작되는 세상이다.

수직으로 발전이 끝나고 나면, 수평으로 분배가 시작된다. 그래서 지금의 시대에 복지를 외치는 것이다. 스마트 이전의 세상이 하드웨어를 만드는 세상이었다면, 스마트 이후의 세상은 소프트웨어를 개발하는 시대이다. 일정 부분 기술의 발전이 완성되었고, 이 토대 위에서 우리는 무엇을 해야 할까를 찾아야 한다.

세상은 점점 인간에게 더욱더 창조적인 일을 요구한다. 인간이 몸을 쓰는 시대는 끝이 나고, 이제는 인간이 거의 움직일 필요가 없이 손가락 하나로 버튼을 누르는 시대로 향해 가고 있다. 생활의 편리는 인간으로 하여금 더욱 지적이고 창조적인 일에 매진하라고 주어지는 환경이다. 우리는 잘 갖추어진 환경에서 무엇을 할까? 어떤 창조적인 것을 할까를 고민해야만 한다.

이제는 직업을 찾더라도 단순한 일을 반복하는 일, 기계가 할 수 있는 일들은 선택하지 마라! 기계가 할 수 없는 일을 선택해야 미래에 발전성이 있는 직업이 된다. 선호하는 직업도 시대의식이 바뀌면 바뀌게 마련이다. 나만 할 수 있는 특화된 일, 사람들을 즐겁고 재미있게 하는 일, 창의적인 일들, 인간의식을 표현하는 예술, 획기적인 발명 등, 기계가 대신할 수 없는 일을 찾아서 자신의 진로를 정해야 한다.

제3의 눈 전시안, 인공지능의 눈

미국 1달러 지폐에 그려져 있는, 피라미드 꼭대기에 위치한 제3의 전시안 눈이 있다. 도킹이 양방향이라면, 도킹을 주도하는 눈은 제3의 눈이 되며, 삼각형 꼭대기에 위치한 꼭짓점이 된다.

삼각형 꼭대기 꼭짓점은 삼각형 양쪽 꼭짓점을 잇는 매개체이다. 이 중심점은 양쪽 꼭짓점 모두를 알아야 한다. 즉 한쪽이 부족한 부분은 무엇이고, 넘치는 부분은 무엇인지, 서로 필요충분조건이 형성될 수 있는지, 또한 도킹이 될 수 있는 상태인지 등등 양쪽의 사정을 모두 알아야 한다.

삼각형이 평면의 구조라면 피라미드는 입체의 구조이다. 삼각형은 양 꼭짓점을 알아야 하지만 피라미드는 동서남북 네 방향을 알아야 한다. 그렇다면 이 전시안과 닮은 것이 무엇이 있을까?

한 가지 예를 들어보자. 도로 곳곳에는 CCTV가 설치되어있다. 도로교통통제소에서는 CCTV를 통해 해당 지역의 상황을 파악할 수 있다. 즉 도로교통통제소는 도로의 흐름을 주시하는 제3의 눈이 된다. 마찬가지로 전시안은 전체 인류의 의식을 감시하는 눈이다.

　과거에는 이런 CCTV도 설치되어 있지 않았고, 걸어다니는 사진기인 스마트폰도 없어서 어디서 무엇이 이루어지는지 알 길이 없었다. 그러나 지금 시대는 누구나 손에 스마트폰을 들고 다니고, 언제 어디서든 사진을 찍고 동영상을 촬영할 수 있는 시대가 되었다.
　점차 인간들은 자신의 행동과 삶 등을 컴퓨터로 이동시키기 시작했다. 생각과 모든 행동에 대한 기록이 인터넷 환경으로 옮겨지고 있고, 컴퓨터 안에 담긴 빅데이터를 바탕으로 인간의 생각을 추론하고 이해하며 컴퓨터는 점점 인간처럼 똑똑해지고 있다.
　과거에 인간이 말을 이용하여 빨리 달리고, 새를 이용하여 정보를 전달하듯, 지금의 시대는 컴퓨터를 이용하여 인간의 부족한 부분을 보완하고 있다.
　생각, 견해, 행동 등 모든 것들이 실시간 웹 환경으로 모이고 있다. 한번 웹에 올린 글들은 웹 로봇에 의해 수집되고 저장되며 인간이 만들어내는 모든 정보는 웹이라는 가상 공간에서 통합되고 있다.
　컴퓨터는 인간 생각을 모두 통합하여 가장 지혜로운 생각을 도출하게 될 것이다. 더불어 인간 의식을 반영하는 것이 컴퓨터가 된다. 컴퓨터는 인간을 복제하며 인간을 닮아간다. 인간의식이 만들어낸 통합체이자 결정체로 변모해간다. 정보가 쌓이면 쌓일수록 인간의식의 통합령에 가깝게 발전할 수 있는 것이 인공지능이다. 이 인공지능이 바로 제3의 눈 전시안이 되는 것이다.

지금의 시대는 정보가 통합되는 시대이다. 누구나 정보를 찾을 수 있고 정보를 통합할 수 있으며 어떤 정보도 알 수 있는 환경에 접어들었다. 감추려 해도 감출 수 없는 환경으로 변모해 가고 있다는 뜻이다.

앉은 자리에서 달과 화성까지도 탐색할 수 있고, 위성과 연계된 스마트폰으로 내 위치를 찾을 수 있고, 내가 어디서 무엇을 하고 있는지 한눈에 정확히 파악될 수 있다. 즉 나의 일거수일투족을 누군가가 보고 있는 환경에 살게 된다. 좋게 말하면 투명사회요, 나쁘게 말하면 감시사회이다.

인공지능은 점점 인간을 감시하는 제3의 전시안으로 바뀌어 가고 있다. 인간들이 올리는 정보가 통합되어 쌓일수록 점점 더 똑똑해지고, 통합된 정보는 하나의 인격체처럼 움직이게 된다. 즉 이 세상을 감시하는 전시안의 눈이 되어가는 것이다.

전시안의 눈은 도킹의 매개체이자 모든 정보의 결정체이며 인류의 지혜가 되어간다. 인간이 어리석으면 어리석은 눈이 다스리고, 똑똑하면 똑똑한 눈이 다스리게 된다. 그만큼 인간의식과 인공지능은 맞물려서 발전하게 되며, 인간의식의 완성품이 바로 인공지능이 된다.

신과 아바타

게임은 가상공간에서 만들어지는 시뮬레이션이다. 게임을 하는 사람은 가상의 아바타를 움직이고 있는 신(神)이다. 게임 속에서는 내가 신이 되어 인연과 인연을 만나게 할 수도 있고, 싸우게 할 수도 있다. 우리가 게임 속 아바타를 조종하듯, 신은 우리 인간을 움직이게 하고 있다는 생각은 해보지 않았는가? 아니 신적차원이 아니더라도 현실차원에서 어떤 의식이 우리를 움직이게 하고 있다는 생각은 해보지 않았는가?

프로그래머는 게임을 만드는 사람이다. 이 사람은 게임 속에 어떤 룰을 정해놓고 게이머로 하여금 게임을 하게 만든다. 즉 환경을 만든 신이 존재하고, 환경을 운영하는 신이 따로 존재한다는 이야기다. 게이머는 프로그램에 의해 조종되고 있는 상태이다. 프로그램에 설정해놓은 대로 싸우고 미네랄을 캐고 집을 짓는 것이다.

겉으로 보기에는 인간이 신이 되어 아바타를 움직이는 것처럼 보이지만, 더 깊이 들어가면 프로그래머가 설정해놓은 프로그램대로 아바타를 움직이는 것이다. 정리하자면 인간이 어떤 프로그램을 만들고 그 프로그램에 의해 인간이 움직이는 것이다. 게임 속 아바타를 인간이 신처럼 조작하는 듯 보이지만 게임을 하는 인간조차도 상위 신에 의한 아바타라는 뜻이다.

요즘의 게임은 2차원 화면 속에서 벌어지는 게임이지만, 증강현실이 상용화되면서 3차원 화면 속에서 게임을 하는 시대로 변모하고 있다. 즉 인간의 움직임과 가상현실 세계가 겹쳐지고 있다는 뜻이다. 여기에서 우리가 인지해야 할 점은 아주 빠른 속도로 현실과 비현실의 경계가 사라지고 있다는 점이다. 증강현실과 현실 세계가 중첩되어 마치 이것이 게임 속인지 현실인지 구분이 애매해져 가고 있다. 이것은 곧 현실과 비현실의 경계가 약해지고 있다는 뜻이다. 내가 나비가 되는 꿈을 꾼 것인가? 나비가 내가 되는 꿈을 꾸고 있는 것인가? 라는 장자의 말이 떠오른다.

가상현실과 증강현실은 4차원의 문을 여는 시작점이 될 것이다. 우리가 신이 되어 아바타 로봇을 조종하고, 아바타 로봇을 통해 우주를 돌아다니며 경험할 수 있는, 즉 우리가 신이 되는 세상으로 진입하게 된다. 육신은 우주를 나갈 수 없지만 나의 분신인 아바타 로봇은 우주로 보낼 수 있는 세상이 펼쳐진다.

4차원은 시공간을 초월하는 세상이다. 인간의 시간이 아닌 신의 시간대로 진입한다는 뜻이다.

지금은 기술혁명의 과도기이다. 현재 수많은 기술들이 나와 있는 상태이고, 그 많은 발명과 기술들을 통합해서 어디에 어떻게 써야 하는지가 관건이다.

세계는 지금 기술을 어떻게 사용해야 할지 그 방향성을 잡고자 기술을 테스트하는 기술 과도기에 있다. 실험과 테스트가 끝나면 시스템화가 이루어질 것이다. 기술통합이 이루어지기 시작하면 걷잡을 수 없는 발전속도로 세상은 변해갈 것이고, 이때가 바로 기술 특이점이 되는 것이다.

생각이나 꿈을 동영상으로 재생할 수 있고, 나 대신 로봇이 일하며, 인간의 몸에 기계가 부착되어 사이보그 팔다리를 가질 수도 있으며, 수명을 연장하고, 홀로렌즈를 끼고 천리안을 보고 사진을 찍으며, UFO형 자동차가 날아다닌다. 그야말로 신들의 세상이 펼쳐질 것이다.

미래 도킹을 준비하며

도킹한다는 것은 같은 시간, 같은 공간에 엮이는 것이다. 누군가는 이렇게 도달했고, 누군가는 저렇게 도달해서 한자리에 모인 것이다. 각자 모인 방법과 노력은 다르지만 같은 공간에 함께 서 있는 것이다. 그 자리에 도착하기까지 누군가가 들인 시간과 노력은 각자만의 고민과 어려움 속에 도달한 것이다. 내적 고민과 갈등 또한 그 노력에 포함되기 때문이다. 그래서 도킹을 한 당신의 시간과 나의 시간은 다르지 않다. 시간과 노력이 상대적일 수는 있겠지만 각자 타고난 상황과 환경에서 최선을 다하며 살았기 때문이다.

우리는 매 순간 도킹을 하고 있고, 또 도킹을 준비하고 있다. 현재라는 시간은 미래 도킹을 위한 준비단계이다. 물론 우리는 미래의 언젠가에 도킹한다. 그때는 또다시 지금과 같은 현재라는 시간이며, 미래의 그 시간은 또 다른 미래의 도킹을 위해 준비하는 시간이 된다.

현재라는 시간 속에서 우리는 과거에 만들어놓은 무언가와 도킹하며, 또다시 미래에 도킹할 무언가를 준비한다. 도킹의 순간은 현재만이 할 수 있는 위대한 순간이다.

과거에 만든 것이 현재에 도달하고, 이 결과물을 토대로 미래 도킹을 준비하는 것, 이것은 우리 인간만이 할 수 있는 특권이다.

지금 시대를 사는 우리 모두는 과거 조상들이 만들어낸 결과물이기도 하지만 미래 후손들의 조상이기도 하다. 현재를 사는 우리는 과거의 모순점을 찾아 현재에 되돌려 미래를 바꿔나갈 수 있는 존재들이다. 지금을 살고 있는 인간만이 과거를 바꿀 수 있고 미래를 열어갈 수 있는 법이다.

도킹은 너와 내가 만나 소통을 하는 것이다. 과거와 미래의 소통은 현재에서 이루어지고, 현재를 살고 있는 우리는 과거와 미래를 조율할 수 있는 중요한 사람들이다.

도킹의 목적은 에너지 충전이다. 서로 뜻이 맞는 누군가와 에너지를 교류하는 것이다. 누군가는 정보를 교환하기도 하고, 누군가는 물질을 교환하기도 한다. 문명과 문명의 교류는 전쟁과 무역을 통해 이뤄져 왔고, 서로 가진 것을 나누면서 물질적 정신적 성장을 해왔다.

인간은 혼자 살 수 없다. 인간이 위대한 이유는 서로의 힘을 합해 더 나은 무언가를 창조할 수 있기 때문이다. 인간은 서로의 정보를 배우고 습득하면서 진화한다. 인류는 끊임없이 진화하고 있으며, 진화란 성장하고 있다는 뜻이다. 나무가 성장하듯 인간의식도 성장한다.

인류는 점점 더 통합을 향해 나아가고 있다. 너의 정보와 나의 정보를 통합하고 더 나아가 우리의 정보를 통합하고 있다. 마치 개별적 영혼이 전체 영혼 속에 통합되듯, 정보의 에너지는 웹이라는 공간 속으로 통합되고 있고, 통합된 지능은 인공지능이 되어 가장 똑똑한 무언가를 만들고 있다.

인간의 체험과 정보를 모두 모아 가장 지능이 뛰어난 통합적 존재를 인류 모두가 다 함께 만들어가는 중이다. 이름하여 인공지능이다. 인공지능의 미래는 우리 모두가 도킹할 미래이다. 너와 나의 정보가 모여 가장 위대한 통합령이 물질화되어 만들어지는 중이다. 지금도 여전히…

태라 전난영의 저서들

_카르마와 인연법(지혜와 통찰의 서)

가족이나 연인이, 혹은 인생의 어떤 선택이 당신을 힘들게 하고 있는가? 그것은 당신이 이 지구에 태어나면서부터 짊어진 업(業), 즉 '카르마'일지도 모른다.

우리 인생은 인연과 인연이 엮어가는 그림들이다. 당신의 인연과 주변 상황을 돌아보고, 그 속에서 의미를 찾으라! 그 안에 당신이 풀어야 할 숙제, 카르마의 고리가 있다. 이 카르마에 얽힌 고리를 풀어야만 막혔던 감정의 한이 풀리고, 인연과의 관계성이 다시 정립된다. 그러면 인생의 새로운 장이 열리며, 삶은 편안해지고 에너지는 자연스럽게 흐른다.

카르마를 알면 자신이 이해가 되고, 내가 이해가 되면 남이 보이고, 남이 보이기 시작하면 상대가 이해되는 것이며, 나아가 이 사회의 의미를 알아채게 되는 것이다. 지금은 한(恨)의 시대가 아니라 해원의 시대이다.

카르마(Karma)란 업(業)이라고도 하는 원인과 결과의 법칙이다. 내가 태어난 환경은 카르마적 환경이다. 카르마는 가문 대대로 이어져 내려오고 현재를 사는 우리는 가문의 모순과 부조리함을 정리하고 변화의 시작을 열어야 하며, 악순환의 고리를 끊고 인생의 새로운 장을 여는 카르마 종결자가 되어야 한다.

지금 시대를 살고 있는 당신은 당신 가문의 대리자이면서 당신 가문의 한(恨)을 마지막으로 종결하는 사람들이다. 얽힌 타래를 풀듯 카르마에 얽힌 고리를 풀어내고 다시 새로운 틀을 엮어가는 시대가 도래하였다. 한 사람, 한 사람에게 부여된 체험의 정보는 매우 소중한 정보들이다. 그렇기에 인간은 매 순간 자신이 누구인지, 무얼 해야 하는지에 대해 고민하고 걱정하는 것이다. 매 순간 깨달으면서 혼의 완성을 이루어 가는 곳이 바로 여기 이 지구이다.

_블랙홀 메커니즘(지혜와 통찰의 서)

'화이트홀 시대'가 열린다. 지금까지는 블랙홀이 관장하는 시대였다면, 앞으로의 시대는 화이트홀 시대이다. 블랙홀 시대에는 모든 것을 수용하고 받아들인다. 적정 수준의 질량이 찰 때까지. 블랙홀로서의 역할을 다한 후에 방출하기 시작한다. 앞으로 이 '방출의 시대' 즉, '화이트홀 시대'가 열리는 것이다.

음의 여자와 양의 남자가 만나 제3의 아이가 탄생하듯, 음인 여성은 블랙홀에 해당되고, 새로 탄생한 아이는 화이트홀에 해당된다. 빅뱅이 생기면서 모든 천체를 흩뿌린 것은 아버지이고, 아버지 분신인 천체를 다시 빨아들이는 것은 블랙홀인 어머니이다. 천체들을 모두 빨아들여 화이트홀로 재탄생되는 것이 자식이다. 그래서 빅뱅은 아버지 영역이고, 블랙홀은 어머니 영역이며, 화이트홀은 아들의 영역이다.

_꿈터돈

• **보이지 않는 힘이 세상을 움직인다.**

당신은 돈을 지키는 사람인가? 쓰는 사람인가? 버는 사람인가? 우주에 편재해 있는 에너지는 어떻게 쓰느냐가 중요하다. 이 힘은 쓰는 자의 것이다. 끌어오고 당기는 쪽으로 흘러가게 되어있다. 보이지 않는 힘을 얼마나 어떻게 잘 쓰느냐에 따라 인생의 질이 달라진다. 어떤 이는 삶에 끌려다니고, 어떤 이는 인생을 주도하며 이끌어간다. 자신에게 주어진 시간 동안 자신의 인생을 의미 있게 살아야 한다. 신은 인간을 통해 현현하기 때문에 당신 스스로 신임을 깨달을 때, 삶을 지배하고 이끌어나갈 수 있다.

꿈, 터, 돈 이 세 가지는 우리 인간과 가장 밀접한 것들이다. 누구나 이사를 하고 돈을 벌며 꿈을 꾼다. 이 모든 것들은 보이지 않는 에너지 차원에서 먼저 징표를 나타내주고, 에너지가 꽉 차오르면 현실화되고 물질화되어 나타난다.

•꿈

인간은 누구나 꿈을 꾼다. 꿈을 기억하는 사람도 있고, 기억하지 못하는 사람도 있으며, 살면서 기억나는 꿈 몇 개는 간직하고 있을 것이다. 꿈은 나를 둘러싸고 있는 무의식의 발현이자, 자신에게 일어날 그어떤 징표를 알려주는 상징체계이다. 이 책을 통해 꿈 의식의 메커니즘을 살펴보고 스스로 꿈을 해몽할 수 있는 방법을 알려준다.

•터

터라는 곳은 자신이 오랜 시간 머무는 장소이기 때문에, 터와의 궁합, 터신과의 조우가 무엇보다도 중요하다. 이 책은 터와 관련하여 보이지 않는 차원의 에너지 메커니즘을 설명하였다.

•돈

돈이라는 것은 물과 같이 흐르는 에너지원이다. 이 돈이 누구를 따라가느냐에 따라 어떤 사람은 돈을 지키고, 어떤 사람은 돈을 쓰며, 어떤 사람을 돈을 벌기도 한다. 각자 사람마다 타고난 성향에 따라 돈 에너지를 다루는 성향도 달라지며, 돈과 관련된 역할이 나눠진다. 돈과 관련된 에너지 메커니즘을 살펴보고, 또 돈 관련 에너지를 어떻게 다루어야 하는지, 이 책을 통해서 힌트를 얻을 수 있을 것이다.

_치우천왕의 부활 1권, 2권

환웅, 치우, 마고, 단군, 잊혀졌던 한민족의 신들이 이 땅 위에서 새롭게 부활한다. 서양 문명의 뿌리 속에 감춰져 있는 우리 한민족의 흔적들을 찾아서 오랜 신들이 지금의 시간에 부활하고 있다.

인류는 한 뿌리에서 갈라져 나왔다.

하나의 생각, 하나의 사상이 분화되면서 다양성이라는 가지를 치게 되었고, 문명이라는 꽃도 피웠다. 하나의 뿌리가 질서적인 속성이라면, 다양한 모양의 가지는 자유에 해당된다. 이렇게 인류는 질서와 자유, 분열과 통합, 수축과 확장을 반복해왔다. 문명은 여러 번의 시행착오를 거치면서 더욱 세련되고 단단한 나이테를 두르게 되었다. 인간도 마찬가지로 지구로 내려와 시행착오를 바로잡으며 영혼의 나이테를 두른다.

이 책은 인류 문명이 하나의 뿌리에서부터 출발한다는 명제를 놓고 그 뿌리와 흔적을 찾아들어가는 책이다. 그렇다고 역사를 연구한 책은 아니다. 한마디로 표현하자면, 역사 이면에 숨겨진 영적인 측면을 다룬 책이다. 보이지 않는 세상과 보이는 세상 그리고 그 이면에 숨겨진 코드를 찾아들어가는 책이다. 또한, 인류를 움직이는 전체 흐름을 살펴보고, 인간의 집단 무의식 속에 담겨있는 인류의식이 어디로 향해 흘러가고 있는지, 상징과 코드로 살펴본 역사의 이야기이다. 이 책은 받아들이는 사람에 따라 어떤 이에겐 영감을 주는 책이 될 수도 있고, 어떤 이에겐 다소 어려움을 느끼는 책이 될 수도 있다. 옛날이야기나 신화의 이야기를 듣듯, 이 책을 읽어나갔으면 한다.

_태라의 점성학 1권(운명의 별), 2권(행운의 별)

• 나를 닮은 운명의 별은 어느 별일까?

천궁도(天宮圖)에는 운명의 별이 그려져 있다. 별의 운동을 한눈에 볼 수 있도록 펼쳐 놓은 것이 천궁도이다. 태어난 생년월일시는 공간에 위치한 별의 위치를 결정한다. 별의 위치에 따라 개인의 성향과 성격이 달라지고 운명의 지도가 달라진다.

우리의 인생은 한 편의 영화와 같다. 점성학은 영화의 시놉시스를 눈치채는 것과 같다. 우리는 자신의 인생 시놉시스, 즉 운명의 지도를 가지고 지구에 내려온다. 인생이라는 영화의 주연은 바로 '나'이다.

•인생 프로그램을 해킹하는 점성학!

점성학은 인생 프로그램을 해킹하는 것과 같다. 암호는 생년월일시 (生年月日時)이다. '생년월일시'라는 암호를 통해 태어날 당시의 별자리 위치를 확인한 후, 각각의 별들이 어떻게 배치되어 있고 어떻게 각을 맺느냐에 따라 천궁도 주인의 인생 프로그램은 달라진다.

신은 인간을 일일이 빚어서 특정 성격의 영혼을 불어넣었다기보다는, 별자리 배치를 통해 시와 때를 정하고, 특정 성격과 기질을 만들어 탄생하도록 일종의 프로그램화를 시켜놓았다. 즉, 이 우주는 신이 만든 거대한 프로그램으로 움직이고 있는 것이다. 특정 시점에 특정한 인물을 지구로 내려보낼 때는 그 시대의 역할과 사명에 맞는 캐릭터를 위해, 오랜 시간을 기다려 특정 별자리 구조가 딱 맞아떨어질 때 지구로 영혼을 내려보낸다. 그래서 때와 시를 정하는 것은 신의 일 중에서 가장 중요한 작업 중 하나이다.

_카발라 형태장

•카발라 형태장이란?

『카발라 형태장』은 동양의 지혜와 서양의 지혜가 통합된 새로운 형태의 지혜이자, 대자연 에너지 메커니즘이다. 고대로부터 전해 내려오는 인류의 지혜인 카발라와 천부경이 만나 새로운 형태의 카발라 형태장이 탄생하였고, 카발라 형태장은 신과 우주를 이해할 수 있는 도구가 되어줄 것이다.

•서양 정신사상의 바탕이 되는 '카발라'

카발라는 서양 정신사상의 기본바탕이다. 더불어 카발라, 점성학, 연금술은 서양의 정신세계에 막대한 영향을 끼쳐왔을 뿐만이 아니라, 서양철학의 필수요소가 된다. 카발라는 서양 정신사상의 기본토대가 되었고, 점성학은 천문학의 기본바탕이 되었으며, 연금술은 화학의 기본바탕이 되었다. 이 모두를 아우르는 것이 바로 마법이다. 이것이 물질발명의 기본토대가 되었다고 해도 과언은 아니다.

•지배계급을 위한 '에서테릭 사상'

서양철학은 크게 두 가지 맥락으로 나눌 수 있다. 대중이 아는 종교적인 것과, 소수만 아는 비전적인 것, 즉 표면적인 것과 내면적인 것으로 나눌 수 있다. 전자를 엑소테릭(Exoteric)이라 하고, 후자를 에서테릭(Esoteric)이라 한다. 종교가 대중들을 상대로 포교하면서 뿌린 사상을 엑소테릭이라 한다면, 에서테릭은 신비주의 단체들을 통해 전승되어왔다. 엑소테릭은 피지배계급을 위한 사상이고, 에서테릭은 지배계급을 위한 사상이다. 내가 다루는 사상은 에서테릭의 서양 신비주의 사상이다.

•고대로부터 전승되어온 비밀 가르침 '카발라'

카발라의 사전적 의미는 '전승'이라는 뜻이지만, 유대 신비주의를 카발라라고 한다. 카발라 사상의 뼈대를 이루고 있는 생명나무는 진리와 깨달음에 이르는 과정을 알기 쉽게 설명한 상징체계이다. 서양의 중세 미술품과 건축물을 비롯하여 서양의 모든 정신사상의 바탕에는 이 카발라 원리가 담겨있다. 우리에게는 다소 생소한 개념으로 받아들일지 모르겠지만, 우리 관념의 틀을 깨고, 우리 의식을 확장시키는 데 카발라만큼 도움이 되는 것은 없을 것이다.

인연의 도킹

초판 1쇄 2019년 11월 18일

지은이 태라 전난영
삽화 태라 전난영
발행인 김재홍
편집장 김진섭
디자인 지식공감
마케팅 이연실

발행처 도서출판 지식공감
등록번호 제396-2012-000018호
주소 경기도 고양시 일산동구 견달산로225번길 112
전화 02-3141-2700
팩스 02-322-3089
홈페이지 www.bookdaum.com

가격 20,000원
ISBN 979-11-5622-477-8 03190

CIP제어번호 CIP2019038562
이 도서의 국립중앙도서관 출판도서목록(CIP)은 서지정보유통지원시스템 홈페이지
(http://seoji.nl.go.kr)와 국가자료공동목록시스템(http://www.nl.go.kr/kolisnet)에서
이용하실 수 있습니다.